어쩌다 엄마

어쩌다 엄마

초판발행 2015년 10월 15일
2쇄발행 2015년 11월 16일

지은이 서현정 / **그린이** SOON(한상아) / **펴낸이** 김태헌
총괄 임규근 / **책임편집** 박채령 / **기획 · 편집** 권형숙 / **교정교열** 노진영 / **디자인** 나무나무디자인
영업 문윤식, 조유미 / **마케팅** 박상용, 서은옥 / **제작** 박성우

펴낸곳 한빛라이프 / **주소** 서울시 마포구 양화로 7길 83 한빛빌딩 3층
전화 02-336-7129 / **팩스** 02-336-7124
등록 2013년 11월 14일 제2013-000350호 / **ISBN** 979-11-85933-20-7 13590

한빛라이프는 한빛미디어(주)의 실용 브랜드로 나와 내 아이, 우리의 일상을 환히 비출 수 있는 책을 펴냅니다.

이 책에 대한 의견이나 오탈자 및 잘못된 내용에 대한 수정 정보는 한빛미디어(주)의 홈페이지나 아래 이메일로
알려주십시오. 잘못된 책은 구입하신 서점에서 교환해 드립니다. 책값은 뒤표지에 표시되어 있습니다.
한빛미디어 홈페이지 www.hanbit.co.kr / 이메일 ask_life@hanbit.co.kr

Published by HANBIT Life Printed in Korea
Copyright © 2015 서현정 & HANBIT Media, Inc.
이 책의 저작권은 서현정과 한빛라이프에 있습니다.
저작권법에 의해 보호를 받는 저작물이므로 무단 복제 및 무단 전재를 금합니다.

지금 하지 않으면 할 수 없는 일이 있습니다.
책으로 펴내고 싶은 아이디어나 원고를 메일(writer@hanbit.co.kr)로 보내주세요.
한빛라이프는 여러분의 소중한 경험과 지식을 기다리고 있습니다.

...달콩연애부터 전투육아까지,
육아요정 엔즈의 공감육아에세이...

어쩌다 엄마

전투육아블로그 서현정 지음 | SOON 그림

한빛라이프

Prologue

계절 바뀌듯 순식간에 지나가는
아이와 나, 우리의 시간

첫아이를 낳은 지 6년, 둘째 아이를 낳은 지 4년 차가 되어 가는 서른다섯의 가을이 시작되었다. 갑자기 선선해진 바람과 높아진 하늘이 어색하기만 하다. 불과 엊그제까지 2인 유모차를 밀고 힘겹게 놀이터와 공원을 전전하던 모습이 추억이 되어 가는 것처럼 아이 둘을 어린이집에 보내고 카페에 앉아 원고를 마감하고 있자니 새삼 세월이 빠르다 느끼며 놀라게 된다. 또 이렇게 스스로 놀라는 내 모습이 갑자기 바뀐 계절에 어색해하는 것과 뭐가 다르겠나 싶다.

  친구와 하는 이야기가 있다. 계절 가듯 살았으면 좋겠다고. 하루하루가 힘들다며, 언제 이 시간이 지나갈지 모르겠다고 투덜대다가도 우리 애들이 벌써 네 살이야, 다섯 살이야, 여섯 살이야 하며 아이의 어릴 적 사진을 열어 보는 눈가에 섭섭한 웃음기가 물든다.

"어떻게 안아요?"

  첫 수유시간, 신생아실 문을 열고 속싸개에 돌돌 말린 갓난아이를 나에게 넘겨주는 간호사에게 물었던 애송이 엄마의 질문이다. 가슴(꺼내어 물리기 전까지는 가슴이었다)이 젖이 되는 순간 느껴지던 새롭게 밀려오는

폭풍 같은 세상! 혼자 경험하고 묵히고 아파하고 웃고 행복하고 슬프던 셀 수도 없는 많은 감정들을 혼자 삼켜 내기 힘들어 전투육아라는 블로그를 통해 엄마들과 함께했었다.

  같이 웃다가도 눈물 찍 나는 이 육아의 세상을 자연스럽게 그대로 받아들이며 힘을 낼 수 있었던 건 내가 혼자 글을 써서도 아니고, 글을 구독하는 사람이 읽기만 해서도 아니고, 모두가 함께 공감해서였기 때문이다. 모두가 공감할 수 있는 이야기.

  이 얼마나 대단한 아기들인가. 다 제각각이던 엄마들을 하나로 묶을 수 있는 능력자들!

  그 능력자를 키워 내고 있는 나, 당신, 엄마, 아빠들 모두가 다음 계절이 오는 것만큼 아이는 빨리 자라고 있다는 것을 다시 한 번 기억했으면 하는 작은 바람으로 두 번째 책, 〈어쩌다 엄마〉를 세상에 내놓는다.

서현정

우리 가족을 소개합니다

> 육아요정 엔즈, 35세.
> 전투육아블로그 운영자

결혼 6년 차. 두 아이 엄마.
SNS에 올리는 글마다 빵빵 터지던 화려한 미스 시절을 뒤로하고 표정 없는 남자, 친절해 씨를 만나 결혼. 신혼여행에서 선물로 받은 첫아이를 낳고 아이 키우는 것이 왜 이리 힘든지, 다들 잘 사는 것 같은데 왜 나만 힘든지 혼자 우물을 파다가 이왕 하는 육아라면 웃으며 해보자 맘먹고 리얼한 육아 일상을 그대로 보여 주는 솔직담백 재미난 육아블로그를 시작했다.

> 친절해 씨, 35세.
> 표정 변화 없는 남자.
> 희로애락 불분명

어쩌다 드문드문 SNS를 하다가 월척을 만나 결혼한 동갑내기 남편.
법 없이도 살 남자. 법 없으면 못 살 여자와 살면서 화 한번 안 내는 레알 선비.
아이들 깰 때 집을 나가 아이들 다 잠든 후 자정이 되어야 들어오는 생활을 이어 가지만 아이들 이야기에 똑같이 물개박수 쳐주는 고슴도치 물개 아빠.

> 준, 6세.
> 채집·수렵·갑각류 전문가

31개월에 엄마 팔 한쪽은 동생에게 빼앗긴 채
오빠가 되어 버린 첫아이. 동생에게 이기는 듯 져주고 놀아 주는 듯 싸우며
둘은 친구가 되어 가는 것처럼 보이나 현재도 여전히 배틀 중이다.
바다생물 매니아. 매일 뭘 그리도 잡고 캐고 싶어 하는지.
주말만 되면 갯벌 있는 바다에 가야 한다고 외치고 있다.

> 솔, 37개월(4세).
> 시크한 그녀. 팔꿈치 매니아

태어나서부터 지금까지 엄마에게 따개비처럼 매달려
엄마의 팔꿈치를 만지고 있다. 오빠 덕에 변신로봇을 인형처럼 들고
앵그리버드 양말을 신었지만 마무리는 공주 구두를 신는다.
콜라보레이션 완성!

Contents

Prologue 계절 바뀌듯 순식간에 지나가는 아이와 나, 우리의 시간 · 4
우리 가족을 소개합니다 · 6

Chapter 01 연애가 뭐예요?

너무나 평범하게 14 • 연애의 시작 18 • 그 남자의 눈 20
밤 10시만 되면 집에 가는 남자 22 • 연애만 하다 말 거야? 24
결국 내가 널 당겨 본다 26 • 우리는 모두 사랑에 눈이 멀었다 28

Chapter 02 우리, 결혼할까요?

상견례, 그 어색함에 대하여 32 • 프로포즈, 독감, 소리침, 성공적 34
레몬테라쯔와 북유럽 인테리어 36 •
애 둘 엄마가 알려 주는 신혼 가구 고르는 법 38 • 스드메의 시작 42
커튼이 열리네요, 그녀가 돌아서죠 44

Chapter 03 결혼식, 너무 짧은 신혼

신부 대기실. 여긴 어디, 나는 누구? 48

무뚝뚝한 딸, 아빠의 손을 잡다 50

우리는 너무 다른 남과 여. 하지만 그땐 몰랐지 52

남자 결혼 전 vs 결혼 후 55 • 나 대신 깨 수확 좀 부탁해 56

Chapter 04 임신, 그리고 출산

뭐? 두 줄? 레알? 60 • 초능력자 62 • 초능력자의 남편 64

임산부 눈엔 임산부만 보여 66 • 임부 팬티 68

게살이 차오르듯 내 살도 차오르지 69 • 태동은 어떤 기분이야? 70

저는 어찌해야 할까요? 71 • 모든 것이 처음이던 엄마를 만나 72

동생을 낳던 날 너는 74 • 그녀들의 가슴 이야기 76

뜻하지 않은 남편의 육아 휴직 78 • 산후 다이어트 80

Chapter 05 엄마의 하루

원점 되기 참 쉽죠잉 86 • 누가 차려 준 밥 먹고 싶어 88

육아 체질 90 • 둘째는 언제? 92 • 인류가 지속되는 이유 94

하라면 하기 싫어짐 96 • 미혼 친구 그리고 나 98

친구와 친구 아들, 나의 딸 100 • 엄마의 카페 나들이 102

엄마에게 송년회란? 104 • 엄마, 우리 엄마 106

나란 사람 여기 있어요 108 • 가방 변천사 110

남자와 눈으로 대화해 본 게 언제인가요? 142 • 아이러니 116

아아 미안하다가도 미안하지 않다가도 미안하고 근데 성질나 118

버리지 못하는 박스 120 • 혼자만의 시간에도 122

올 것 같지 않던 시간은 온다 124 • 숨 좀 고르고 갈게요 125

쇼핑 128 • 실은 이미 알고 있었어 130 • 고품격 가을 시 132

엄마 마음 둥실~ 134 • 엄마 되길 잘했어 136 • 동네 엄마 138

우선순위 142 • 스마트폰으로 엄마들이 하는 일 144

Chapter 06 부부, 영원한 동지

사는 재미 148 • 눈앞에 있어도 보이지 않는 건 내 눈물 때문일 거야 150
어느 부부의 주말 154 • 데이트 156 • 그냥 물어보는 질문 158
앞좌석 160 • 꿀꺽 삼킨 말 163 • 너의 잠꼬대 164
오늘 애들이 힘들게 했어? 165

Chapter 07 그래도 너는 내 강아지

새벽부터 렉 걸림 168 • 오빠 170 • 아니거든요 172
민들레 홀씨 174 • 딸의 코디는 어렵다 176 • 느낌 알죠? 178
5세 남아 충격, 그리고 번뇌 179 • 꽃밭 가꾸기 182
6세 남아의 쇼핑 리스트 184 • 엄마처럼 186 • 엄마 손 잡고 187
엄마 거 내 거 188

New 잔망글

손톱 먹은 쥐 192 • 쥐며느리의 탄생 194 • 놀이터 썸 196
카페 모리즈 204 • 외전 232 • 묘한 대화 235 • 꼬마들의 생성 과정 2238
흔들 어멈 241 • 서브 244 • 택배 248 • 계란말이 그 남자 255 • 귀신 변기 259

> Chapter 01

연애가 뭐예요?

너무나
평범하게

'신명나게 나이트에서 놀다가 그 남자를 만났다.'
이것도 아니고,
'세계일주를 하겠다고 마음먹고 비행기를 탄 그 순간
옆자리 구릿빛 피부의 남자가 나에게 와인을 보내왔다'도 아니었다.

스물일곱 겨울 그때 당시에는 얼리어답터에게도 생소하던
SNS로 새로운 사람들을 만나던 시절.
어쩌다 본 포스팅에 낚여 만난 첫 번개에서 그를 만났다.
나를 준이, 솔이 엄마로 만든 그 남자의 대화명은 봄눈이었다.

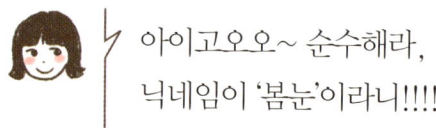
아이고오오~ 순수해라,
닉네임이 '봄눈'이라니!!!!

지금 생각하면 오글오글해서 승천할 것 같다. 하지만 그땐 그 순수한
우유빙수 같은 느낌이 좋았다. 막 퍼먹고 싶었다.
내 농염한 블루베리 소스를 퍼부어 비벼서.

(너무 격해지는구나. 다시 리즈 시절로 돌아가 본다.)

이런 내 꿍꿍이를 아는지 모르는지
우유빙수 봄눈 '친절해 씨'는 그때를 이렇게 묘사했다.

함께 쓰기 시작한 커플 블로그에 그날 그가 썼던 글.
[우유빙수]라고 부제를 붙여 본다.

빛으로 아름다운 계절, 겨울

이 계절만 되면 눈만큼이나 반짝이는 빛을 기다리는 설렘도 가진다. 유명 백화점마다 크고 작은 트리와 빛 장식으로 꾸며진 것은 물론 많은 사람들이 모이는 시장, 역, 광장의 밤은 반딧불이로 가득한 세상이 된다.
2007년 마지막 날, 잼잼(그때 나는 잼잼이었다. 또 한 번 오글해서 미안)과 봄눈이 찾은 서울시청과 청계천은 빛의 축제가 열리고 있었다. 둘은 청계천의 광통교가 내려다보이는 커피숍에 앉아서 2007년 마지막 햇살을 느끼며 늦은 여섯 시 루미나리에의 빛이 환하게 켜지기를 기다렸다.

새해를 알리는 보신각의 종소리를 듣기 위한 걸음과 서울시청 광장과 청계천의 루체비스타 축제를 환영하기 위한 발자국들은 서로 얽히며 분주하게 돌아다녔고 찬바람은 도심 속 인파를 얄밉게 헤집고 다녔다.
늦은 여섯 시. "언제 켜지지?" 하는 그녀의 호기심 어린 목소리가 맞은편 ○○일보 빌딩의 투명창을 때리자마자 청계 광장에서부터 모전교, 광통교, 광교에 이르는 다리 다리마다 색색의 반짝이는 디지털 반딧불이들이 일제히 날아올랐다.

아름다웠다. 따뜻하고, 사랑스러운 보석빛들. 그리고 두근거리는 나의 심장, 그녀의 심장. 얼음처럼 투명한 사람의 마음 마음. 그 속을 더욱 예쁘게 비춰 보려는 욕심만큼이나 청계천을 수놓은 루미나리에는 그렇게 예뻤다.

－2007. 12. 31. 친절해 씀

아아, 이 미칠 것 같은 오글오글 우유빙수…….
연애는 그런 거니까, 그런 거니까.

우리가 처음 만난 2007년의 마지막 날 밤 청계천은
루미나리에가 한창이었다.
지금 지쳐 있는 그에게 그때처럼 풍경을 보고,
상대방의 눈빛을 볼 수 있는 여유가 있다면 얼마나 좋을까.
연애 감정은 곧 식어 미지근해질 것을 안다. 뜨거움은 한때일 뿐
미지근한 심장으로 마주할 것을 알고 있다.
하지만 우리가 뜨거웠다는 걸 잊지 않고 기억했으면 좋겠다.
깊은 곳엔 아직도 뜨끈한 무언가가 우리들 안에서
서로를 연결하고 있다고. 그때야 물론 그냥 마냥 좋았지만.

연애의 시작
_ 그의 기억

월미 공원은 사람들이 손쉽게 찾는 데이트코스였다. 그녀와 함께 간 월미 공원의 날씨는 화창했다. 계속되는 추위에도 그날만큼은 포근함을 느낄 수 있을 만큼 좋았다. 오후에 용산전자상가를 방문할 계획을 세웠기 때문이기도 하지만 무엇보다 번잡함을 피해 오전부터 서둘러 찾은 월미 공원은 평소와 다르게 한산해서 더욱 좋았다.

우리는 걸었다. 검푸른 서해와 어울릴 것 같지 않게 늘어선 식당들 앞 광장을 천천히 걸었다. 늘어지게 늦잠을 자고 있는 비둘기 사이를 피하기도 하면서, 손님을 불러 잡는 아주머니의 시선을 외면하면서, 금방이라도 카메라를 내밀며 "Please……" 하고 부탁할 것 같은 외국인 관광객들 곁을 아슬아슬하게 피해 가면서 그렇게 조용조용히 걸었다.
월미 공원은 작다. 그렇게 얌전히, 그리고 천천히 걸었는데도 하고 싶은 말을 입술 아래 숨겨 놓은 것을 들킬까 봐 걱정하는 심장소리가 채 잦아들기도 전에 끝까지 걸어 버렸다. 우린 다시 되돌아 걷기 시작했다.

그가 처음 그녀를 만났을 때, 그리고 그 미소를 느꼈을 때 왜 그녀를 사랑하게 되었는지 이유를 알 수 없었다. '첫눈에 반한다'라는 말에 꼭 들어맞

듯, 내가 가진 여자에 대한 모든 기준들이 단숨에 채워지는 듯한 기분. 그랬다.

그냥 그렇게 좋아졌듯이, 나는 반쯤 되돌아 나오는 길 가운데에서, 늦잠에서 깨어 날기 시작한 갈매기들 아래에서 그녀의 손을 슬며시 잡아 버렸다. 시시콜콜한 농담을 주고받다가, 재미있어 서로 웃는 웃음소리에 더 밝게 웃어 주다가 '이때야!' 하고 마음을 움켜쥐기도 전에 이미 그녀의 작은 손은 내 손가락 사이사이에 맞물려 들어와 있었다.

-2008. 01. 20. 친절해 씀

나는 글을 잘 쓰는 그가 좋았다.
우리의 모습을 한 걸음 뒤에서 덤덤히 말해 주는 그가 좋았다.
국문학을 전공한 남자, 글을 쓰던 남자, 하지만 지금은 애써 힘내어
다른 일을 하는 두 아이의 아빠, 친절해 씨…….
언젠가 다시 우리 둘이 글을 번갈아 쓸 수 있는 날이 오기를 기대한다.

그
남자의 눈

그리하야 SNS질의 핫한 결과물 나의 남편.
세련되게 소~셜 네트워크 서비스에서 연결된 인연이라고 하자.
서로 알게 된 지 한 주 만인 12월의 마지막 날, '번.개.'로 만났다.

지금 생각하면 한 해의 마지막 날에 생판 모르는 남자랑
만날 생각을 하다니.
왜? 왜? 왜?
그래 외로웠지. 외로워서 생판 모르는 남자랑 번개를 했지. 흥~

첫인상. 예쁘게 생겼다. 눈이 컸다. 정말 눈이 컸다.
내 눈의 두 배, 세 배쯤?
그 세 배쯤 큰 눈이 나를 바라볼 때면 두근두근 심장이 뛰었다.
아, 풍덩 빠질 듯한 그 큰 눈!
그가 입고 나온 30대 풍 니트 집업. 커피는 아메리카노.
유행을 거스르는 옷에 더해진 남성 전용 이발소 컷 헤어스타일.
앗, 이 남자는 연애 경험이 매우 스몰하다 싶었다. 오예!

데이트로 만난 건 아니지만 여자를 1:1로 만나 한다는 이야기가
완도 김 양식에 대한 이야기였다.
아주 두고두고 우려낼 사골 같은 소재 되겠다.
멋도 맛도 모르고 오로지 일만 하며 스터디 모임 하는 게 취미였던
이 남자에게 나는 잔잔한 호수에 던져진 짱돌(?) 같은 존재였을 거야.

첫 만남에 카메라를 들고 나왔다.
그가 찍어 보내 준 사진 속의 나는 참 좋아 보였다.

반짝. 반짝.
그렇게 연애 1년 반이 순식간에 지나갔더랬다.

밤 10시만 되면
집에 가는 그 남자

이 남자 이상하다.

'오빠, 오늘 손만 잡고 잘게'를 하지 않는다.
아, 그렇다고 발 잡고 잔다는 이야기는 아니다. 그저 이 남자는
데이트가 끝날 시점인 밤 10시쯤이 되면 주섬주섬 짐을 챙기기 시작한다.
남은 커피를 훅 마신다든지, 남은 조각 케이크를 한입에 털어 넣는 등의
'오늘은 이만~' 기운을 풍기며.

보통은 남자가 '자네, 나와 탈선해 보지 않겠는가'라며 수작을 걸지 않나?
탈선을 내가 제안해야 할 만큼 10시만 되면 짐을 챙기는 이 남자.
그는 수원, 나는 서울 저~ 윗지역.
서로 사는 지역이 멀다 한들 이러는 건 아니지.

한창 대화가 무르익고 '자기 무릎에 앉아 하늘을 봐도 돼?' 하는
분위기가 흐를 때쯤 되면 집에 가기 위해 짐을 챙기는 거다.
철새가 이동하듯이 말이다.

"집에 꿀 발라 놨나?"

늘 물어보고픈 질문이었다.

10시 반에 사당역에서 너는 상행선, 나는 하행선. 이별을 고하는 커플. 탈선을 위한 최적의 장소가 즐비한 사당에서 우리는 이렇게 파릇한 새싹처럼 순수해야 했으니.

우리는 성인이야.
성인이야. 성인이라고!!!

여자는 더 이상 참을 수 없었다.

결혼하자!

여자의 끼부림이 시작되었다.

밤 10시만 되면 너는 나를 보내고…….

연애만 하다
말 거야?

이제 와서 드는 생각이지만, 결혼하고 싶은 마음이 들게 하기 위한
남자의 술수였던가 싶기도 하다. '손만 잡고 잘게' 모드의
그의 노련(?)한 행동에 더 적극적으로 애 태우던 날 떠올리면 말이다.

연애가 막 불타오르며 기승전결의 승쯤으로 달릴 때
주말 데이트로 만난 날, 나는 뜬금없는 제안을 했다.
"춘천 가자~!"

그래, 춘천! 춘천이야. 하하하하. 멀어서 집에 못 돌아오는 춘천!
차가 있었다면 더 멀리 제안했겠지만 아니,
기차가 끊겨서 버스가 끊겨서 핑계를 댈 수 있는 적당한 거리의
춘천이 있었다.

오, 신이여, 감사합니다. 우리에게 춘천을 주셔서!
물론 표는 이미 내가 예약해 뒀다. 적당히 낮에 가는 표를~.
돌아오는 표는……. 후후~

트랄랄라 기차를 타고 달려 남춘천에 내려 소양강을 보고 걷고
손을 잡고 돌을 던져도 보고…… 그러다 최종 목적지인
닭갈비 골목에 들러 닭갈비를 뜯는데,

그는 술을 마시지 않았다. 입에도 대지 않았다.

그리하여 술 없는 식사는 1시간을 넘기지 못하고 종료되어,
"오빠, 쉬었다 갈래?"도 없이 돌아오는 기차에 몸을 실었다는
슬픈 이야기는 여기서 막을 내린다.

서른다섯, 더욱 노련해진 나.
그때로 다시 돌아간다면 내가 술을 꼬록꼬록 마시고
"으어~ 자기 나 못 일어나겠헤헤헤~" 했을 텐데!

아아, 원통하도다.
==순수해서 원망스럽던 그가==
==저쪽 방에서 이를 갈며 자고 있는 게==
==지금은 더 원통하지만.==

결국
내가 널
당겨 본다

아마 그가 탈선(?)에 능한 남자였다면 우리 결혼은 좀 더 천천히
진행될 수도 있었을 거야. 아니 연애만 하다 헤어질 수도 있었겠지.
허나 남자는 계속 파릇한 봄 새싹 같았다.

'얌마! 새싹이 자라서 푸르러지고 꽃도 피고 열매도 맺는 거야'라고
여자는 속으로 백만 번 외쳤다.
갈급해진 여자는 밀고 당기듯이 결혼을 제안했다.
좀 놀랄 거라고 생각은 했지만 이렇게 묘한 얼굴로 난처한 표정을
할 줄은 몰랐다. 섭섭할 정도였달까.
이후에 들은 이야기였지만 그는 순간 별의별 생각을 다했다고 한다.

어릴 때 돌아가신 아버지, 혼자 계신 엄마. 그래서 늦게 입대하고
제대 후 취직해 함께 살게 된 지 그리 오래되지 않은 시점.
구구절절하게 말하지 않아도 어느 정도는 나도 눈치채고 있었다.

'한두 해 돈을 더 벌고, 좀만 더 우리 좋게 만나다가.'

이런저런 이야기를 할까 하다가 목 뒤로 넘긴 것도 안다.
집에서 어머니가 우려하심도 알고 있다.

미안해. 그래도 지금 당겨 보련다.
이러다 헤어지는 과정들을 그때 나이는 잘 알고 있었고
겪고 싶지 않았고 확신이 든다는 것이 얼마나 힘든지도 아는 스물아홉.
내가 잘해 줄게. 그러면 되잖아? 우리 잘할 수 있어.
함께 즐겁게 다독이며 살자.

그리고
최대 반전.

야근은 시작되었고,
남편과 아내는 견우·직녀마냥 얼굴 보기도 힘들게 되었는데…….

함께하긴 뭘 함께해. 엉엉~

어차피 인생은 둘인 듯 셋인 듯 혼자 같은 나인 것이었다.

우리는 모두
사랑에 눈이 멀었다

 참으로 말랑말랑하더이다,
연애라는 것은.

일반적인 경우의 커플들의 모습이 그렇다.
애초에 이 사람이 백퍼센트 내 사람이라고 생각하고
만나는 사람이야 없을 것이고,
내가 좋게 보는 장점들이 펑펑 터져 나와
원 펀치 쓰리 강냉이를 털고 썸의 길로 가는 것이지.
그의 작은 단점 정도는 '나도 완벽하지 않은데, 뭘'이라는
이해심, 안쓰러움으로 덮을 수 있다 생각하면서.
아니 모든 걸 장점으로 승화시키는 그것.
<mark>그것이 바로</mark>
<mark>사 아 ~ ~   랑.</mark>

#결혼 전 #결혼 후

그는 웃는 얼굴이 선량하고 포근해요. 성격이 좋아서 친구가 많고 사람들과 잘 어울리는 것 같아요. 그의 그런 외향적인 모습이 너무 근사해요.

저희 남편은 참 착해요. 그건 저도 알아요. 근데 착해서인지 친구들이 불러내기만 하면 나가요. 나는 오늘도 아이랑 집에 있어요.
이젠 친구보다 가족을 생각하란 말이야!

그는 트렌디하고 패셔너블해요. "남친이야?" 사람들이 묻고 모두 부러워해요. 같이 다니면 좀 어깨가 으쓱해져요.

남편이 계속 꾸며요. 심지어는 살도 안 쪄요. 난 아이 낳고 수유복만 입고 미용실 갈 새도 없는데 남편은 매번 옷도 사 입고 나는 이제 하기 힘든 문화생활을 계속하려 해요. 나만 이렇게 된 것 같아 서운하다고!

그는 부모님에게 정말 잘해요. 그 모습이 너무 멋지더라고요. 우리 부모님에게도 잘하고 아이에게도 좋은 아빠가 될 거란 생각이 들었어요.

부모님에게만 잘해요. 무조건 시댁 식구부터 챙겨요. 난 누구랑 결혼한 걸까요?

사랑은 이렇게 이성적인 판단을 흐리게 하는데…….
실은 이 결과는 그땐 상상도 하지 못하는 세계를 경험하고 나서야 알게 되는 것이기에,

말해 뭐해. 입만 아프지. 아야야.

상견례,
그 어색함에 대하여

 결혼을 준비하는 커플 보시라.
그 첫 고비 상견례!

아무리 서로 각각 양가 부모님을 만나 인사를 했다 한들
부모님을 함께 모시는 자리가 편할 리 없다. 부모님만 오시는지,
형제 동석인지, 좌석은 어디로 배치해야 하는지, 어떤 음식을 좋아하시는지,
못 드시는 음식이 있는지, 대화를 할 수 있는 분위기인지,
총 소요 시간까지 계산하다 보면 머리가 아파오는 게 당연.

우리는 한정식 코스 요리를 택했다. 상견례하기 좋은 음식점!
딱 검색해서 나온 곳들 중 하나로.
아, 그렇다. 잘한다는 곳은 다 이유가 있는 법.
==중요하게 생각했던 한 가지를 말해 보자면,==
==음식이 한 번에 다 나오는가 시간 차를 두고 나오는가다.==
한 번에 다 나오면
계속해서 대화의 주제를 찾아 애를 써야 한다.

시간 차를 두고 나오면
중간중간 음식이 나오며 대화가 정리되고 조용해지는 타이밍에
"아. 이번엔 회무침이군요. 음식이 좋네요" 등의 애드리브가 들어갈 수 있다.

잘하는 음식점은 이 시간 차가 매우 적절해서 빠르지도 느리지도 않게
탄력 있게 후식까지 마무리되니 이 어찌 바람직하지 아니한가.
중간에 문제가 생겨 '왜 다음 요리, 전복죽은 안 나오지' 이런 일만 없다면.
속으로 별 생각이 다 스쳐 지나가는 순간일지어다.

결론

"자아, 우리 아이들은 봄이 한창인 5월 중에 날을 잡읍시다. 탕탕탕!"
'아, 왜 5월이에요~. 좀 더 일찍 해도 되는데.'
순식간에 예비 신부가 된 철없는 여자는 생각했습니다.

프러포즈,
독감, 소리침, 성공적

뭔가 잘못되었다. 이상하다고.
상견례를 마치고, 집도 찾고 웬만한 혼수들도 다 준비되었는데
그 후에 프러포즈를 하는 건 아무래도 이상해.
프러포즈 쿵짝쿵짝하고 상견례를 하다 문제가 생겨
이제 그만 안녕하는 것보단 나은가?
그래도 로맨틱, 성공적이 반감되는 기분은 어쩔 수 없다는 거.

그렇게 뒤늦은 프러포즈는 청계천 루미나리에 행사를 등지고 실행되었다.
지난 2007년 12월 31일에 처음 만난 그곳 그 길에서 독감에 걸린 남자는
"죽겠어요" 하는 얼굴을 하고
"나와 결혼해 줘!" 귀에 대고 소리쳤다.

여기서 포인트는
1. 독감
2. 귀에 대고 소리침
이다.

독감에 걸렸으면 독감이 낫고 하든가.
귀에 대고 말을 하려면 속삭이든가 소리를 치다니…….

아, 노노. 내가 결혼 안 하겠다고 하면
독감으로 청계천 바닥에 쓰러질 얼굴을 하고 이러는 건 반칙.

반칙이거나 말거나 감기 투혼을 높이 사기로 하고 대답은 OK.

그때 알았어야 했어.
감기는 이 사람의 기본 아이템인 것을. 어쩜 애들보다 잘 걸리냐.
그대를 홍삼 먹는 하마로 인정합니다.

레몬테라쯔와
북유럽 인테리어

결혼 준비하는 사람 중 모르는 사람이 없다는 커뮤니티, 레몬테라쯔.
임신 준비하는 사람 중 모르는 사람이 없다는 커뮤니티, 맘스홀리끄.

그곳에 나도 입성했다.
물론 임신이란 단어는 저 멀리 있는…… 예신(예비신부)이니까
맘스는 아니고.
와~ 이 커뮤니티는 보면 볼수록 눈만 높아지고
점점 인테리어는 산으로 가다가 급기야는 정해 둔 예산 이상의 저 먼 곳으로
이성을 떠나보내다가 다시 급커브를 틀어 '적당선에서 해결하자'
나 자신과 타협을 보는 순서.
여기서 남자의 의견은 크게 영향을 미치진 않는다. 하핫.
결국 뿌잉뿌잉 예신이의 손끝에서 다양한 청사진이 그려지는데…….
유행하는 인테리어들을 다 섭렵하다 북유럽까지 다녀오고 나면 남는 건
카페 스타일 인테리어나 북유럽풍 우리 집.
거실엔 엣지 있는 원목 상판과 인더스트리얼 느낌이 실린 철제 다리로
멋을 낸 커다란 테이블이 들어오고 책장은 비주얼이 좋은,

표지마저 예쁜 책들이 아기자기하게, 작은 화초들과 여행 기념품들이 저마다의 이국적인 센스를 뽐내고 있다가
:
:
아이가 태어나면

"무조건 다 위로 올려!"

"베란다로 보내!"

"친정으로 시댁으로 옮겨!"

"중고나라에 팔아!"

"모서리 보호대를 빙빙 둘러!"

새로운 인테리어가 펼쳐지는
마법 같은 일이 일어나는 건 비밀!

애 둘 엄마가 알려 주는
신혼 가구 고르는 법

어느 여유로운 토요일 아침,
신혼인 부부는 핸드드립으로 원두커피를 정성스럽게 내렸다.
토스터에서 갓 구운 빵을 꺼내어 각자 좋아하는 잼을 발랐다.
달걀을 꺼내 스크램블드에그를 만들고, 커피와 함께
트레이에 담아 거실 탁자에 올려 두고 나란히 소파에 앉았다.
창밖에서 햇살이 들어왔다.
'모던한 집' 매장에서 고른 흰 레이스 커튼이 살랑거렸다.

아이보리 톤으로 꾸민 화사한 우리 집.
신랑과 발품 팔아 찾아낸 푹신한 라텍스 소파는
내 몸을 푹 감싸 주어 정말 좋았다.
삼나무 향이 은은한 원목 탁자와 잘 어울렸다.

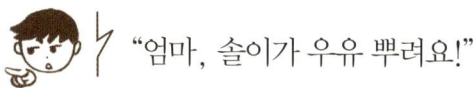 "엄마, 솔이가 우유 뿌려요!"

앵그리버드와 뽀로로가 잔뜩 그려진 놀이매트는 이미 한강이다.

아아~ 저 법도 없는 둘째 녀석을 어찌하면 좋은가.
걸레로 우유를 닦고 에구구 일어나 딸에게 뺏은 우유를
꿀꺽 마시며 거실을 쳐다봤다.
뭐야, 이거! 아이보리 톤 어디 갔어! 아이보리 톤이 남은 곳은 천장뿐인가!

흰 레이스 커튼은 애들을 재우기 위해 밤인 척하는 암막 커튼으로,
침대는 큰애가 아기일 때 아래로 툭 떨어지는 바람에 친정으로,
밝은 라텍스 소파는 매직, 볼펜, 크레용 등으로 다양한 패턴을 입었고,
삼나무 향 피톤치드 돋던 거실 탁자 어디 갔나?
 아, 부셔졌지.

토스터는 창고 선반에,
핸드드립은 피곤함을 가시게 할 달달한 맥모골로 변신!
5년간 인구가 2배로 증폭되며 우리 집에 생긴 변화는
인테리어 잡지와 육아 잡지의 갭만큼이나 컸던 것이다.

★ 그럼, 다시 결혼을 준비하는 과거로 돌아가 신혼집을 꾸민다면? ★
　　(전제 : 아이는 또 이렇게 낳는다.)

1. 침대 : 투 매트 x, 높은 매트 x, 각진 프레임 x, 프레임이 아예 없거나 낮은 평상형에 라텍스 매트 한 장, 침대 헤드도 모서리가 둥근 형태이거나 아예 헤드가 없는 것.

꼭 침대를 사고 싶은 신혼부부! 로맨틱함이 요나 이불 위에선 반감되는 기분 충분히 알기에 말리지 않는다.

아이가 태어나 가장 먼저 사고를 당하는 곳이 바로 침대!
도대체 이 움직이지도 못하는 녀석이 어찌 굴렀나 싶지만 아이들은 꼭 잠깐 한눈파는 사이에 떨어져 침대 없인 못살겠다 했던 부모를 자책하게 만들곤 한다. 또 대부분의 아이는 엄마와 떨어져서는 자지 않으려 해서 결국 몇 개월 후엔 침대 위에 온 가족이 뭉쳐 괴로워하거나 엄마와 아이만 침대 위에, 바닥엔 남편 포지션이 취해지기 일쑤.

침대 프레임도 비중 없긴 마찬가지. 잡고 일어나는 아기 이마, 콧등, 눈언저리 멍들게 하는 주범! 바닥과 침대의 높이가 차이 나지 않을수록 Good!

2. 소파 : 너무 밝지 않은 색의 저렴한 소파, 패브릭 소파 x. 거실 공간을 많이 차지하지 않는 적당한 크기로, 소파 밑바닥 프레임이 튼튼한 것으로.

아이들은 최고급 소파, 최저급 소파 가리지 않는다. 점프 놀이 하기 아주 좋은 놀이기구일 뿐이다.

소파는 앉아 쉬는 곳?
No No~
소파는 뛰는 곳. 그리고 우유, 주스 먹다 쏟는 곳. 남편이 누워 일어나지 않는 곳.
다양한 컬러의 얼룩과 털(?) 그리고 사인들이 그려져 깨끗한 관리는 결국 포기하게 되므로 유행에 따라 패브릭 소파를 구입하면 한 달 안에 썩을 수도 있다! 천 소파의 우유 흡수력이란 실로 어마어마하다는 것을 기억하자.

3. **책장** : 보기만 좋은 인테리어를 위한 책장은 패스, 정말 책 수납을 위한 책장으로.
일단은 안 사는 것이 제일 바람직. 아이 낳고 점점 책은 늘어나기 시작하다가 돌쯤 전집을 지르고 책꽂이를 구입하게 되는데, 아이가 책을 꺼내기 좋은 높이로 고려할 수밖에 없다.

그렇게 전집은 늘어나고, '더 이상 책을 사지 않겠다' 마음먹을 때쯤! 거실엔 빈 벽이 사라지고 없다. 책장 숲으로 둘러싸인 거실. 도서관이 따로 없으니 천천히 구입해도 좋다는 것.
책 안 살 것 같지?
산다, 분명! 내 책은 아니지만.

4. **그 외** : 큰 가구는 되도록 참자. 빼곡한 인테리어도 참자. 공간을 많이 남겨 둬야 숨을 쉴 수 있다! 소서, 점퍼루, 보행기, 미끄럼틀, 아기 소파, 아기 서랍장, 볼풀장, 한큐에 인테리어를 날려 버릴 놀이매트들이 등장하여 곧 엄청나게 다양한 콜라보의 집이 되기에.
신혼 기간만이라도 그 한적한 인테리어를 누려 보자. 그때 아니면 언제 하리.

근데, 다시 예전으로 돌아가고 싶냐고?
아니! 결국 지금이랑 똑같아질 거라 거절한다~!

스드메의 시작
_웨딩드레스, 고쟁이 알몸뚱이

결혼을 준비한다면 피해갈 수 없는 것이 바로
스드메(스튜디오, 드레스, 메이크업).
그중 웨딩드레스의 세계는 태평양, 대서양처럼 아주 넓고도 넓었다.
막연히 결혼 하면 여자들에게 제일 먼저 떠오르는 순백의 경이로움.
두근거리며 웨딩숍 투어를 시작!
오늘 하루 작정하고 공주가 되어 보자 마음을 먹었다.

'와, 이런 거리가 있었어?' 싶을 정도의 웨딩웨딩한 거리들이 펼쳐졌고
딸랑~ 예쁜 종소리를 내며 들어간 웨딩숍은 날 귀빈 모시듯
룸으로 안내해 주었다.
소파마저도 이 웨딩웨딩함이라니.
은은한 펄 감이 섞인 푹신한 패브릭 소파가 작은 무대를 마주하고
놓여 있었다. 이 소무대는 이제 곧 1인극이 펼쳐질 장소가 되니…….

골드빛 커튼이 무대를 감싸고 그 안에 홀로 선 나는
고쟁이를 입은 한 마리 꽃이 되었다.

뭐야! 웨딩드레스 속엔 부라자와 고쟁이라니!!!
이건 드레스를 입는 사람에 대한 로맨틱한 배려가 없는 거라고!!
고쟁이라니, 고쟁이라니!

아무리 샤방한 원단으로 만든 레이스를 달았어도 이 비주얼은 고쟁이!
게다가 그 위에는 "신부님, 상의는 탈의해 주세요~" 해서
부라자만 입은 이 시원섭섭한 기분 참 묘한지고.

몰래 커튼을 열어 본 친구는 말했다.
"야~ 털 뽑힌 닭 같다~!"
아니, 이놈(년)이.

커튼이 열리네요,
그녀가 돌아서죠

"신부님, 다 되셨어요. 오픈합니다."
그는 마른침을 꿀꺽 삼켰다. 커튼이 열리며 드레스를 입은 그녀가 나타났다.
"누구세요?" 여자 친구가 째려봤다. 어깨선이 드러나는 흰 드레스.
눈부신 모습에 우리가 결혼한다는 사실이 새삼 느껴졌다.
그녀는 쑥스럽다는 듯 빙긋빙긋 웃었다.
나의 피앙세.

"신부님 다 되셨어요. 두 번째 드레스 오픈합니다."
그는 마른침을 꿀꺽 삼켰다. 커튼이 열리며 드레스를 입은 그녀가 나타났다.
"누구세요?"
여자 친구가 째려 봤다.
"누구세요란 말은 그만하지?"
그녀는 애교 있게 째려 보며 "나, 어때?" 물었다.
나의 피앙세. "아름답지. 예쁘다."

"신부님 다 되셨어요. 세 번째 드레스 오픈합니다."
그는 컵에 담긴 물을 원샷! 삼켰다.
커튼이 열리며 또또 그녀가 나타났다. 그녀가 또 물었다.
"이번 건 어때?"
나의 피앙세. "셋 다 예뻐."

"신부님 다 되셨어요. 네 번째 드레스 오픈합니다."
그는 정신을 꼭 붙들어 맸다. 커튼이 열리며 또또또 그녀가 나타났다.
그녀가 또또또 물었다. "이건 좀 안 어울리는 것 같지?"
나의 피앙세. "난 잘 모르겠다……."

"신부님 다 되셨어요. 다섯 번째 드레스 오픈합니다."
그는 소파에 털썩 앉아 눈을 부릅떴다. 커튼이 열리며 또또또
그녀가 나타났다. 그녀가 또또또 물었다. "어느 게 제일 예뻐?"
나의 피앙세. "다수결이 좋겠어."

"자기, 그러기야?"
"아, 아냐. 다 예뻐!"
"두 번째랑 다섯 번째. 둘 중엔 어느 게 더 나은 거 같아?"
"두 번째 것이 생각이 안 나. 미안. 흰 드레스였던가?"
"다 흰 드레스야! 오빠 미워!"
…그렇다고 합니다…….

결혼식, 너무 짧은 신혼

신부 대기실.
여긴 어디, 나는 누구?

이른 아침부터 시작된 메이크업이 끝나고,
지금 흰 슈크림에 빠져 움직이지도 못하고 주저앉아 있다.
움직이기도 힘든 이 깊은 파묻힘 속에 어렴풋이 보이는 번쩍번쩍,
그리고 "어머~" 소리, 그리고 "찍습니다. 자자~" 소리.

이건 무슨 상황인가?
나는 어디에서 무얼 하고 있는 것인가?

이모라는 분이 자꾸만 슈크림덩어리를 이쪽으로 정리했다
저쪽으로 정리했다 하고 있다.
"꺄아아!" 소리를 내며 한 무리의 여자들이 나타나 "ㅇㅇ야. 세상에~!"
하며 단체사진을 찍고 가버렸다. 허리가 뻐근하고 웃는 얼굴이
얼굴에 박혀 버렸다 싶을 때쯤 신부 입장 순서가 돌아왔다.

다시 떠올려 보면 그 순간이 제일 아쉽다.
그래도 다시 하고 싶진 않다. 결혼은 한 번으로 족하다.

무뚝뚝한 딸 아빠의 손을 잡다

딸은 무뚝뚝했다.
아빠는 보통 딸 키우는 집의 부모가 누리는
애교와 붙임성을 늘 부러워했다.
길을 나란히 걸어갈 때 팔짱 한번 껴주는 법이 없었다.
아빠앙~ 하고 전화를 걸 줄도 몰랐다.
그런 딸이 시집을 간다 한다.
5월에 결혼식을 하자고 사돈과 이야기를 나눈 후
집에 돌아와 생각이 많아졌다.

딸은 이것저것 준비하는 듯했다.
제 엄마와 드레스도 보고 오고 살림도 챙기는 것 같았다.
종종 준비하는 과정의 이야기를 해줬지만 무슨 말인지
잘 모르고 그래그래 끄덕거렸다.
딸은 인터넷으로 순식간에 알아내고
혼자서 척척 준비도 참 잘하더라.
사위가 될 아이는 남자답고 호탕한 성격은 아니지만
딸에게 잘하고 착하고 성실해 보였다.
그래 딸이 결혼하겠다는데 그거면 됐다.

예식은 분주했고 정신없는 와중에 신부 입장 순서가 되었다.
신부 대기실에서 같이 눈 한번 맞출 새 없이
신부 입장 융단길 끝에 섰다.

내가 이런 예쁜 아이를 낳았나 싶은 지금 이 순간,
제일 눈부신 딸과 함께 흰 장갑 낀 손을 잡았다.
사춘기가 되기 전 잡았던 어린 딸의 손.
아빠 손 잡고 나들이 가던 그 손.
아빠에게 애교 부리지 않는다 섭섭했던 다 큰 딸은
정말 다 커서 신부가 되어 나와 손을 맞잡고
해사하게 웃는다.
뭐가 그리 좋니? 딸아. 그래 늘 그렇게 웃고 살면 고맙지.
아빠가 늘 네 뒤에 있을게.

아빠에게는 너무나 짧았던 길.
이제 와 미안해요.

우리는 너무 다른 남과 여.
하지만 그땐 몰랐지

연애할 때의 남녀는 진짜가 아니라고 그랬던가.
그런 말 하려면 크게 하든가 왜 결혼하고 듣게 만들었느냔 말이야.
누구야, 그런 말 한 사람 얼른 나와! 아니, 실은 그것 자체도 매력이라고
서로의 페로몬을 맡으며 쿵쿵대지 않았던가.
"오빤 나랑 달라. 그 점이 나를 두근거리게 해"라며.

우리는 그것을 신혼여행에서 알았다.
정적이고 조용히 무난한 하루에 불만이 없는 남자와
대체로 조용하지만 지루한 건 싫어 계속 뭔가 딴짓을 하는 여자.
조용함이라는 교집합에서 차분한 시간은 함께 공유했어도 그것도 잠깐,
종일 같이 있는 연습 게임인 신혼여행은 깊이 생각해야 하는 문제였다.
이렇게 중요한 문제였다는 걸
한참 같이 산 후에나 알게 되었지만.

신행은 파리로 결정했다.
남자는 휴양지에서 나름하게 '만고 땡' 하고 싶었으나,

'가만히 있는 건 여행에 대한 모욕이야!
갔으면 봐야 해. 타야 해. 먹어야 해. 움직여야 해'
라는 시점의 여자에게 그건 이해할 수 없는 일이었다.
남자의 '만고 땡'은 그렇게 작은 목소리로 묻히고,
여자의 '뽕을 뽑자' 매뉴얼대로 여행은 진행되었다.

루브르는 개발자에게 어떤 의미였을까?

미술을 전공한 여자 사람에겐 "세상에, 이런 서프라이즈!"

개발 일을 하는 남자 사람에겐 "이게 뭔 말이야!"

아아…… 그렇다.

오래 머물지도 않는 스케줄 중 며칠을 미술관과 박물관에

쏟아부은 나를 용서해 줘.

입장 바꿔 '실리콘밸리 방문 견학 2일 일정' 가는 거랑 비교가 되려나?

"아임 쏘리.
그러니까 신행 또 가자.
아니 헌행. ㅋ"

남자
결혼 전 vs 결혼 후

"여보, 라면 내가 끓여 줄게. 왜 숨어서 먹어!"

라면 제공 가능 시간 – 오전 8:00 ~ 오후 10:00

그 외엔 세…… 셀프.
애들 자서 방법 없…….

결혼 전

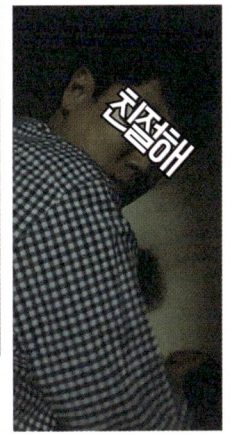

결혼 후

나 대신
깨 수확 좀 부탁해

결혼식을 하고 1년 정도를 신혼이라고 하던가?
아니면 아이가 생기기 전까지 신혼이라 했던가?
1년이라고 하기에는 너무 짜니 베이비의 생성 전까지는 신혼이라고 치자.

모텔은 왠지 캠프파이어하는 것 같고,
펜션은 혼전 건전한 연인의 숙소 같지만
결국 붕가로 연결되니 왠지 좀 대놓고 말하긴 거시기하고,
동거는 "그래. 동거…… 합니다!" 소리치기는 또 뭐한 세상.
함께하는 게 정당화되는 순간이 오고야 말았다.

한집에서 당당하게 깨 수확하는 여러 행동들 – 퇴근 후,
주말에 집에서 둘만의 세상이 펼쳐지니 다른 사람들이
"오오. 신혼 재미 좋아?" 하면 왠지 발그레해진다.

그렇게나 갈망하던 남녀가 같이 사는데
하늘도 날고 땅도 기고 하는 거지, 암.

하지만……
……우리는
신혼이 없었다…….

깨를 털어 볼 새도 아니 깨 모종을 사볼 여유도 없이!
신혼은 안녕, 안녕.

남의 나라 이야기였던 것. 신혼 얘기 쓸 것이 없어 슬플 뿐.
요즘은 아이 먼저 가지고 결혼하는 사회 공헌 커플도 많은지라
허니문베이비 제조자는 조용히 있을게요.
수많은 예신 예랑이들, 내 몫까지 즐겨 줘.

임신, 그리고 출산

Chapter 04

뭐?
두 줄? 레알?

"남자 여자가 같이 살면 당연한 거지."
뭐라 말해야 할지 모르겠지만 대답은 해야겠는데
이게 갑자기 뭔 일인가 싶은 어머니의 떨리는 목소리.
네, 그래요. 신혼여행 다녀온 게 엊그제 같은데 신상 며느리의 입에서
"어머니, 임신이래요"를 듣기까지 초스피드였으니!

'아아, 우리 아들 짱 세구나.'
시어머니는 생각하셨을 거다.

놀라셨죠, 어머니. 남자 여자가 같이 살면 당연한데
산 지 얼마 안 되었다는 게 부끄러워요. 어쨌든 할머니가 되셨습니다.
엄마, 아빠도 할머니, 할아버지가 되셨군요.

우리 모두는 '렙업' 하였습니다.
이 콩알만 한 수정란 하나가 모두를 바꿔 놓다니.
태어나면 얼마나 더 많은 변화를 가져올지……

Come on Baby~!

초능력자

어느 날 눈을 뜨니 초능력자가 되어 있었다.

히어로들의 파워는 영화에서 이미 많이 본 터라 놀라울 일은 아니지만
매우 평범한 여자 사람인 나에게 이런 능력이 생길 줄이야!
나의 초능력은 힘이 세진다거나
눈 깜짝할 사이에 공간 이동을 하는, 그런 능력은 아니다.
가만히 있으면 아무도 내가 초능력자인지 모를 수도 있다.

하지만 난 정말 초능력자이다. 이제 그 근거를 대보겠다.
1. 베란다에 숨어 있어도 주방 냉장고 문 열리는 것을 냄새로 알 수 있다.
2. 지하철 손잡이에서도 특유의 냄새가 난다는 걸 알아냈다.
3. 인간의 숨소리를 모두 구별한다.
4. 모~든 사물에 고유의 냄새가 있음을 들숨 한 번에 느낄 수 있다.
5. 어느 특정 냄새를 100배 확대해서 맡을 수 있다.

이런 초능력이 나에게 나타난 그때를 떠올려 본다.

신혼여행을 다녀오고 꿀잼♥이라는 신혼에 빠지기 시작했을 때였다.
몸이 이상해짐을 느꼈다.
멀미하는 것처럼 울렁거리고, 두통을 동반한 지독한 몸살이 시작되었다.
그렇게 며칠을 앓고 난 후, 이 증상에 대한 글을
결혼 준비하던 온라인 카페에서 본 적이 있음을 기억했다.

당장 로그인!

떨리는 마음으로 스크롤을 내리는 순간 단어 하나가 눈에 띄었다.

'초능력자 테스트기'

테스트기는 약국에서 구입할 수 있으며 가격은 4,000~5,000원 선.
확실한 결과를 위해 2개 정도 여유 있게 준비하는 것이 좋다고 한다.
아침 첫 소변을 묻히고 잠시 기다리면 눈금이 보이는데,
1줄은 일반인, 2줄은 초능력자로 판명된다.

나는 그렇게 2줄 초능력자로 밝혀졌다.

초능력자의 남편

아내는 초능력자다. 정신없이 자던 나를 깨우더니 작은 막대기를 들이밀며 따졌다.

나는 아무 말도 할 수 없었다. 우리에겐 앞으로 어떤 미래가 펼쳐질까.

갓 초능력의 세계에 입문한 그녀에게는 수많은 고생이 시작되었다.

아침마다 게워 내면서도 초능력 보충제 참크래커를 씹었다.

임산부 눈엔
임산부만 보여

길고 긴 입덧이 끝났다. 오랜만에 길을 나섰다. 봄은 참 좋다.
볕도 좋고 바람도 좋고 산들거리는 연둣빛 잎들도 싱그럽다.
서로 뽐내듯이 화사하다. 나만 빼고.

아니, 화사하지 않은 또 한 여자가 저쪽 벤치에 앉아 있다.
우린 한눈에 서로를 알아봤다.
뱃살이라기엔 대놓고 나온 둥근 배. 내가 졌다.

'아직 임부복을 입지 않았군.
언제까지 스키니를 입을 수 있을 거라 생각하나.'

'뿌염(뿌리염색)을 못한 길이로 보건대 5개월은 지난 것
같군. 블랙과 브라운으로 이루어진 투톤이 지나온 세월을
증명하고 있어!'

'입덧이 심했나 보군. 눈 밑 다크를 C.C크림으로 가리려 노력한 흔적이 보여.'

'왜지? 왜 혼자면서 유모차를 끌고 있는 거지? 빈 유모차는 그녀에게 어떤 의미지?'

둘은 공원을 사이에 두고 교대로 눈길을 주고받았다. 속으로 떠오르는 수많은 질문들, 말풍선들을 뒤로한 채 결국 인사도 하지 못하고 일어섰다. 외로웠지만 나는 아직 아줌마가 되기엔 너무 신인류였던 것이다.
저 여자도 그렇겠지. 다음에 만나면 인사하도록 해요, 그대여.

'아, 다 귀찮다~~~~ 적응 기간은 도대체 언제까진 거야! 5분 대기조가 따로 없네. 집에 갔다 나오자니 애매하다고!!!' (큰애 어린이집 적응 중인 둘째 임신맘)

임부 팬티

세상에는 세 가지 종류의 팬티가 있다.
1. 남자 팬티
2. 여자 팬티
3. 임부 팬티

우리는 3번 팬티가 있다는 사실을 모르고 이삼십 년을 살다가
2번이 허벅지에 걸릴 때쯤 그 팬티와 마주하게 된다.
처음에는 디자인에 놀라다가 그 후엔 편안함에 놀라고 마지막으로
이것에 적응한 나 자신을 바라보며 한숨을 쉬게 되는 마성의 팬티다.
이것을 세탁하여 여러 장 건조대에 널어놓으면 커다란 가오리를 말리는
기분마저 든다. 그 넉넉한 사이즈는 팬티에 대한 고정관념을
한큐에 깨버리고 말았다.
레이스, 망사, 에로티시즘이 버무려진 여성미의 집결체,
팬티와 브래지어 아니었던가.
돌돌돌 말아 던져지는 그 섹시함에 건배.
그러나 이 모든 것은 임부 팬티 앞에서 일시정지 되나니…….
그래, 우리 잠시만 편안함을 탐닉하자.
괜찮다. 평생 입을 팬티님은 아닐지어다.
뭐 어때. 하늘을 보고 별을 딸 것도 아닌데! 별은 이미 땄잖아. ㅜㅜ

게살이 차오르듯 내 살도 차오르지

게살은 먹을 수나 있지. 내 살은 먹을 수도 없다.
이대로 무럭무럭 자라다가 팡! 터지는 것 아닌가 싶을 정도로
나는 급속도로 물이 오르기 시작했다.
실제로 배에도 물이 차 있지만 그건 아기 수영장이라고 치고,
내 허벅지에도 아기가 들어 있나? 팔뚝에도 들어 있나?
엉덩이 양쪽에도 한 명씩 들어 있나?
가슴이 커지는 건 누군가가 환♥영하니 업그레이드 중이라 하더라도
다른 부분은 정말 이럴 수는 없는 거야. 하아~ 한숨을 쉬며 인터넷을 켰다.

~ 산지 직송 대게 3kg, 이만팔천 원 특가! ~

아, 게 등딱지에 밥 비벼 먹고 싶다.
에이 씽, 괜찮아.
애 낳고 나면 다 빠진다고 했어.
누가?
(애 낳고 빼면 돼. = 대학 가면 살 빠져!)

태동은
어떤 기분이야?

미스인 친구들은 임신 중인 나를 만나면 꼭 물어보았다.
"아기가 움직이면 어떤 느낌이야?"
아이를 낳고 몇 년을 키운 이 시점에 그 기억이 생생하지는 않지만
그때 나는 이런 대답을 했던 것 같다.
"물을 크게 입안에 머금고 혀를 움직여 봐.
그리고 다른 손으로 볼이 뿔룩뿔룩 움직이는 것을 느껴 봐."

"아, 좀 애매한데? 잘 모르겠어."
"그럼 서로 만져 봐."

다섯 명의 여자가 일제히 볼을 뿔룩뿔룩,
입안의 물을 뿜어 가며
서로의 얼굴을 탐닉하는
스타벅스의 태동 같은
풍경이었다.

저는
어찌해야 할까요?

Q. 요즘 저는 퇴근할 맛이 납니다. 집에 꿀 발라 놨냐고요?
아뇨. 꿀보다 더 달콤한 유혹이죠. 아내가 임신을 했거든요. 임신을 하더니 가슴이 엄청 커졌어요. 와우!! 늘 조금은 아쉬웠던 작은 그녀의 슴가가 이~만해졌어요. 사람에겐 각자의 판타지가 있잖아요? 저의 판타지는 가슴이었나 봐요. 그게 이루어진 거죠. 내 눈앞에서!!! 그런데 거기까지예요. 자꾸만 저리 가라고 가라고 밀쳐 내기 일쑤예요. 이런 상황 어찌해야 할까요?

 저리 가세요.

Q. 결국 참지 못하고 다가갔다가 "아, 저리 가라고 좀! 귀찮아!!" 소리를 들었습니다. 아내가 연애할 땐 안 그랬는데 요즘 저에게 소홀한 것 같아요. 그 큰 가슴 한번 만져 보자고 이러는 건 아니에요.

 가슴 만져 보고 싶어 그러는 거구만.

Q. 아내가 출산을 하고 나면 저도 가슴 만지게 해줄까요?

 이제 그 가슴은 더 이상 님의 것이 아닙니다. 아이에게 양보하세요.

Q. 그럼 전 이제 어찌해야 하나요. 정녕 방법이 없나요?

 젖몸살 푸는 통곡 마사지를 배워 보세요. 그것이 유일한 접근 방법입니다.

 네, 감사합니다. 선생님.

모든 것이 처음이던 엄마를 만나

모두 잠든 한밤중에 준이가 꿈을 꿨는지 뒤척이며 잠꼬대를 한다.
"으으, 아니야. 내 거야~ 엄마, 솔이가……."
자는 동안에도 너는 오빠라 끙끙대는 첫째구나.
엄마는 그런 널 토닥이며 "응. 준이 거야."
네 편을 들어준다. 꿈속의 너에게 들렸으면 좋겠다.
원래는 모두 네 것이었지…….

오래도 바라지 않았다.
적어도 어느 정도는 둘만의 시간을 가지고 아이를 갖고 싶은
평범한 신혼에게 결혼식과 동시에 찾아온 특급 배송 아기.
학이 빨리도 물어다 준 우리 준이였다.
주변에 결혼한 친구도 거의 없었고 가까이 조카가 있었던 것도 아닌
육아의 백지 상태였던 엄마에게 나타난 거대한 행성.
고기만 고기만 찾아 먹는 입덧으로 함께 무럭무럭 자라
결혼 전 아가씨 시절 그 모습은 초스피드로 지워졌다.
어미의 모습이 이렇게 순식간에 바뀐 만큼,
그 배 속에서는 대륙이 이동하는 만큼의 놀라운 변화가 있었고,
콩만 한 것이 아기 사람이 되어 나온다고 요동쳤으니.

배가 이만큼 불러서도 뭘 준비해야 할지 감도 못 잡고 손바느질로
배냇저고리를 만들다 보니 순식간에 만삭이 되었다.

오늘은 예정일. 확인차 들른 병원에서 미리 터져 버린 양수와 함께
내려올 기미조차 없어 결국 수술로 너를 만났지.
마취가 풀릴 즈음 마주한 말간 네 얼굴.
방금 전까지도 내 배 속에 있던 아이였는데도 깨끗이 닦고 모자까지 쓴 네가
어색하고 몽롱한 엄마는 낳았다는 안도감에 눈물이 나왔다.
널 만나 너무 행복하다는 데까지는 생각이 미치지 못했던 것 같아.
안아 볼 걸, 불러 볼 걸.
그런 나의 첫아기.

잠도 잘 자고, 잘 웃고, 잘 노는,
순하던 너를 키우는 데 무엇이 그리 힘들었을까.
힘들다, 힘들다, 힘들다 하고 나니 아이는 커버렸다.
예쁘다, 예쁘다, 예쁘다 할 것을…….

동생을 낳던 날 너는

첫아이를 제왕절개를 했기에 둘째도 자연스럽게
수술 날짜가 잡혀 있었다.
나의 하나밖에 없던 아들은 그날 아침 왜 엄마가 그렇게
불안했는지 말해 줘도 갸우뚱하는 눈치였다.
30개월 꼬마는 외할아버지가 전담 마크해 주셨고
엄마는 수술실로 들어갔다.

남편에게 "나 들어갈게" 하고 훅 들어가자마자
이것저것 기계가 달렸고 곧 마취되어 기억은 잘 나지 않지만
희미하게 아기 우는 소리가 들렸다.
참 평범하고 일반적인 이야기다.
그렇게 둘째는 태어났다는 그런 이야기.

마취는 금방 풀렸지만 하반신은 남의 몸처럼 감각이 없고
어지러운 상황, 침대에서 침대로 옮겨져 입원실로 이동한 직후
대기실에서 노심초사하던 부모님들도
이제 한숨 놓았다 말하는 그때
할아버지 뒤에서 빼꼼히 날 바라보던
내 강아지.

'여긴 왜 와 있으며 이 낯선 분위기는 뭐고,
우리 엄마는 왜 저기 누워 있지?

우리 엄마인데 왜 나랑 떨어져 있지?'
모든 것이 다 이상하다는 얼굴을 하고 선뜻 다가오질 않는다.
준아~ 하고 손짓하려는데 몸에 달린 줄들이 흔들렸다.
후처치를 하러 간호사도 드나드니 더 불안해하는 눈치였다.
결국 아기 놀란다고 좀 이따 데려오라며 내보냈다.
"엄마, 아파? 엄마 아파?"
목소리가 작아진다.

방금 태어난 신생아 얼굴보다 엄마에게 안기지 못하고
문밖으로 나가던 내 첫아이의 얼굴이 눈에 아려 한참 코가 시큰했다.
오래 기억나는 것들은 이런 순간들이려니.
아마도 너는 기억 못하겠지만 말이야.

그녀들의
가슴 이야기

당신의 매력 포인트는 어디인가요? 아주 화려하지는 않지만
오밀조밀 빚어진 얼굴? 흰 피부? 아니면 자연스럽게 흘러내리는 머릿결?
사람들마다 다양한 매력을 가지고 있어 그에 반한 상대를 만나
사랑을 하게 되죠. 하지만 남자들의 시선에서 이를 횡으로 나누면
두 가지 경우로 나뉘곤 합니다.
가슴이 큰 여자.
가슴이 작은 여자.
하지만 A양과 B양의 사례를 통해 이 얼마나 부질없는지에 대해 이야기해
보겠습니다.

A양_

그녀는 신이 준 몸매라는 소리를 늘 들었다. 하지만 노력 없이 얻는 것은 없는 법. A는 매일 출근 전 회사 근처의 헬스장에 들러 땀을 흘렸다. 탄력 있는 잔근육들이 예쁘게 자리 잡아 보기에도 건강미가 넘쳐 주변의 남자들은 모두 그녀에게 호감을 가질 수밖에 없었다. 게다가 그녀에겐 눈부신 가슴이 있었으니. 잘 익은 대봉 같은 비주얼의 넉넉한 가슴은 어떤 옷을 입어도 눈에 띄었다. 그녀가 결혼할 때 입었던 순백의 웨딩드레스

위에서 탱글탱글 더욱 빛났다.

B양_

B양은 늘 슬펐다. 예쁘장한 얼굴, 서글서글한 성격, 애교 많은 그녀였지만 남자친구를 사귈 때마다 움츠러들었다. 둘만의 분위기가 무르익기 시작하면 그녀는 늘 머릿속으로 이 순간을 모면할 방법들을 떠올렸다. 그녀는 영혼까지 끌어 모은 원더브라가 풀리는 순간 재앙이 닥치리라 생각했다. 처음 사귀었던 남자가 가슴 큰 여자에게 가버린 후 가슴은 그녀의 최대 약점으로 남을 수밖에 없었다. 그런데 이번에 만난 그는 달랐다. 원더브라가 풀려도 재앙은 찾아오지 않았다. 뽕 3겹 깔고 신부 입장을 하면서도 그녀는 행복했다.

:
:

몇 년 후

A, B 두 여자는 유축된 엔젤 젖병을 들고 조리원에서 마주쳤다.

<u>A양은 20ml,</u>
<u>B양은 200ml.</u>

가슴의 크기는 젖의 양과 아무 상관이 없었다.
B양은 냉동실에 모유를 넣으며 빙긋 웃었다.

뜻하지 않은
남편의 육아 휴직

산후
다이어트

 임신하면 배만 나오는 여자들은 어떤 종족일까?

분명한 건 나는 그들과는 다른 종족이라는 것이다.
이는 두 번의 출산으로 확실해졌다.
첫 임신을 하자마자 나는 쑥쑥 자랐다, 옆으로. 애초에 마른 사람도
아니었지만 그렇다고 이렇게 달마다 주마다 병원 가서 혼날 정도로
몸무게가 늘다니. 그래도 이때는 '애 낳고 빼지, 뭐'라는 생각을 했더랬다.
아이가 나오면 내 몸도 퓨슈슈슝 줄어들 거라는 막연한 기대감.

따져 보면 말도 안 되는 것이 배는 아이가 나오니 들어간다 치더라도
팔다리, 엉덩이, 심지어 목까지 차오른 이것들은
아이랑은 상관없는 이야기 아닌가!

'아, 몰라. 담당 샘에게 혼나더라도 일단 먹고 싶은 건 먹을 거야' 하며
냠냠 먹고 첫 아이를 낳은 후 조리원에서 받은 충격.
몸이 줄지 않았다. 적어도 아이 무게랑 양수 무게는 빠져야 할 텐데

내 몸은 만삭 몸무게 그대로였던 것이다.
집에 돌아와 100일이 되니 아이 무게 정도는 사라졌지만
전체적인 후덕함은 그대로 지속되었고, 계속 이렇게 살게 되는 것인가
불안해지기 시작했다.
어차피 많이 나오지도 않는 젖,
마음의 짐이던 수유는 정리하고 다이어터로 전향.

눈물의 한약 다이어트가 진행되었다. 아이가 18개월쯤 되었을 때,
그토록 원하던 결혼 전 몸무게로 돌아갈 수 있었다!
물론 결혼할 때도 겁나 날씬한 신부는 아니었다.
오동통한 팔은 웨딩 베일이 가려 줬고 사진 수정 기술은 과도한 발전을
했다는 걸 알기에 '내가 더 뺀다고 빠질 것도 아니야, 하하' 하면서
긍정적인 신부의 모습 그 자체였지.

성공적인
다이어트였다.

웨딩사진 다음에 있으니
걸인 같아 보이는 룩이지만 그래도 이렇게 다시
55사이즈로 돌아가서 너무 행복했다.

새로 바지도 좀 사고, 가오리 루즈핏 옷들은 다 버리고
이제 딱 맞는 옷만 입을 거야. 하하하.

그리고
·
·
·
·
·

살 빼니까
사랑이 샘솟더니

끝.
솔님 오심.

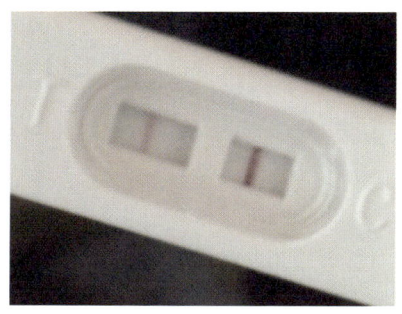

두 달 후 나는 또 임신했다.

★ 주의) 살이 빠지면 남편이 다가온다.

원점 되기 참
쉽죠잉

한 살짜리 '초꼬꼬마'가 집을 지배했다.
한 살? 태어나자마자 나이를 달고 나와서 한 살이지 배 속에서 나온 지
몇 달도 안 되는 신상! 양수도 안 마른 녀석.

그런 녀석이 내려놓으면 울고 안으면 안 울고 무한반복을 하며
엄마에게 배틀을 제안한다.
사람들은 손 타면 힘들다고 하지만 내려놓으면 울고,
우는 소리에 동네 사람들은 저 엄마 뭐 저러냐고 할 거야.

그리고 내가 당장 그 순간을 견디기가 힘들어.
우는 소리가 머릿속을 파고들어 아무 생각도 할 수 없게 만든다.
메탈리카, 림프 비즈킷의 메탈 음악으로 단련된 내 청각이
이 정도에 무너지다니!

한 살짜리에게 질 수 없다며 서른 살 엄마는 기싸움을 하기 시작했다.
젖을 주고 내려놓는다.

그리고 울어도 안아 주지 않겠다.
매정하지만 엄마 팔도 좀 쉬어야겠어.
우리 조금만 떨어져 각자의 시간을 갖자.
그렇게 엄마는 시간 간격을 두며 노력했다.

그리고 주말에 할머니가
"어이구, 예쁜 것~" 하며 계속 안아 줬다.

다시 원점.
끝.

누가 차려 준 밥
먹고 싶어

누가 차려 준 밥이 먹고 싶었다. 온라인 육아 카페를 들락거리다가
식사 도우미가 있다는 것을 알게 되었다. 어린아이가 있는 엄마들이
제때 식사를 하지 못해 생기는 1차원적 스트레스가 결국
육아 우울증으로 연결되는 사회적 문제를 해결하기 위해
'한 끼라도 제대로 먹자'며 시작된 제도였다.

육아지원센터에 원하는 시간, 지역, 아이 개월 수, 수유 여부,
음식 알레르기 유무 등 개인사항을 기입하여 접수하면 그에 맞는
도우미 이모님이 배정된다.

도우미는 하루 1번(아침, 점심, 저녁식사 중에 택 1) 식사를 준비하여
직접 집을 방문하여 제공하는데, 제공시에는 상차림 세팅까지
완벽하게 준비해 준다. 그리고 아이 엄마가 식사를 하는 동안
아이를 돌봐 주는데, 특별한 교육이나 육아법은 아니지만
마음 편히 한 끼를 할 수 있도록 배려하는 차원이다.

식사는 기본적인 가정식 식단으로 친정엄마가 해주는 밥 같은 느낌을 갖도록 구성되고 식사를 다 마친 후 도시락은 다시 수거해 간다.

이 시스템이 도입된 후 엄마들은 아이와 더 행복한 하루를 보낼 수 있게 되었다고 이구동성으로 외친다. 혼자 여유롭게 즐기는 식사 시간은 건강은 물론 가족 간의 관계에도 높은 기여를 하는 것으로 밝혀졌다. 신청 접수 기간은 매달 말일.

접수비는 단돈
10,000,000,000,000원!

빨빨거리고 돌아다니는
돌쟁이 아들을 둔
엄마는 슬픈 꿈을 꾸었더랬습니다.

육아 체질

'저 엄마는 어쩜 저렇게 애랑 잘 놀아 주지?'
'어쩜 저렇게 매일 식단을 맞춰 잘 챙겨 먹이지?'
'애들 키우며 힘들어하는 모습 없이 저럴 수 있을까?'

동네에서 종종 마주치는 엄마들 중에도,
매일 컸다 컸다 반복하는 카카오스토리 이웃 중에도
육아를 체질인 것처럼 소화해 내는 사람들이 있다.
도대체 이 사람들의 에너지는 나와 어찌 다르기에
저렇게 할 수 있을까 비교를 안 할 수가 없다.

그런데 누군가는 나를 보며 "어쩜 그런 상황에도
웃어넘길 수가 있어요?"라고 질문을 한다.
어느 정도 아이의 행동에 포기할 건 포기하고 그러려니
하게 되어 여기서 스트레스를 받아 봤자
나만 힘들어지는 상황이 될 거란 걸 알게 되니
차라리 웃고 말자 싶은 단계랄까.

이런 단계에 오기까지 얼마나 많은 버럭거리고 후회하는
일들이 있었는지는 말할 필요도 없다.
게다가 아직도 버럭거린다. 횟수만 줄었을 뿐이지.
이런 나도 남들이 보기엔 여유 있어 보이는가 보다.

보이는 것과는 다른 그 이면,
육아가 체질인 것처럼 보이는 사람들은 정말 힘들지 않을까?
즐겁기만 할까?
아이를 키우는 모습이 나랑 많은 차이가 있어 보이지만
결국 그들도 힘들다.
그 나름의 스트레스와 체력 소비가 뻔히 눈에 보인다.
그런 그들이 듣기 힘들어하는 말이 있다.

"누구 엄마는 육아가 체질인가 봐"라는 말은 열심히 노력하는 사람에게
"원래 잘하나 봐"라고 말하는 것과 같은 것일지도 모른다.
우리 모두는 원래부터 엄마가 아니었으니까.

둘째는 언제?

아이가 돌 전후 되면 사람들에게 토씨 하나 틀리지 않고 받는 질문이 있다.
"둘째는 언제?"
아니, 이제 겨우 걷고 먹게 만들어 놨더니 어쩜 그리도 무신경하게 던지는지.
임신 초기 입덧이 생각나고, 만삭의 밑 빠지던 느낌이 생각나고,
콧구멍에서 수박 꺼내듯 아이를 낳던 고통이 떠오르고,
온갖 고비를 지나 이제 겨우 돌잔치를 치렀는데 말이다.
실은 이 질문은 벌써 한참 전부터 듣긴 했다.
대상도 다양하다. 친정과 시댁 어른들, 그간 알고 지내던 동네 아주머니,
할머니, 심지어는 애 다 키워 낸 알 만한 언니, 오빠, 선배까지!!
나를 아는 사람들이 이때만을 기다렸다는 듯이
"둘째 둘째 둘째 둘째!"를 외치며 밀물처럼 밀려온다.
그들은 이 질문에 대한 대답을 정해 놓고 묻는 편인데,
"둘째는 생각 없어요"라든지 "안 낳으려고요. 한 명만 키우려고요" 등의
그들이 정한 대답 외의 말을 하는 순간 이때다 하며 둘째 전도사가 되어
나를 회개시키려 한다. 이런 걸 '답정너'라고 하던가.
- 답은 정해져 있고 넌 대답만 하면 돼.

가족계획을 주변 사람들이 해주는 이 올바른 사회 분위기.
너무 화기애애하고 친밀해서 눈물이 난다.
하지만 의연하게 대처하는 방법이 있으니.
질문에 대한 답을 아래와 같이 하면 OK!
ㄴ "그러게요~."

"그러게요~" "그러게요~" "그러게요~" 하고 있으면 상황은 어느새 종료되었으니 그들이 던지는 말에 너무 깊이 고민하지 말자.
우리는 우리의 갈 길을 가도록 하자.

약은 약사에게, 가족계획은 남편과 함께!

인류가
지속되는 이유

"둘째는 언제 가질 거야?"라는 질문에 "그러게요~"로 대충 답하고
넘어간 후, 외출을 했다. 이제 아이는 두 돌이 지나 제법 큰 아이처럼
놀이터를 종횡무진하며 신나게 뛰어논다. 언제 저렇게 컸는지.
그동안 지나간 시간이 기억도 나지 않을 만큼 순식간이었다.
기억 못하는 이유는 아마도 힘들어서이지 않을까.

"엄마~" 하고 말도 하고 모래놀이도 하는 아이.
저 멀리서 친하게 지내는 동네 여자 P가 다가온다. P는 이제 백일 지난
둘째를 아기띠로 메고, 우리 애와 같은 나이인 큰애를 자전거에 앉혀
밀고 왔다. 우리 애들이 같이 논 지 두 해인데 벌써 이 집은
동생까지 낳아 키우고 있다니. 새삼 그녀가 위대해 보인다.
"힘들지?"
"으~ 말도 마. 어제는 밤을 샜어, 하나가 울면 하나가 깨서 울고 완전, 헬."
그녀의 말에 무게가 느껴져서 안쓰러운 마음에 커피 한 잔 권했지만
수유 때문에 먹을 수가 없다며 아쉬워한다. 괜히 내가 더 미안하다.
이렇게 힘든데 어찌 둘을 키우나. 저 퀭한 눈과 부스스한 머리,

아기띠의 무게, 모든 게 눈에 보이고 밤잠도 못 자는 그 괴로운 시간을
다시 겪는다는 말에 다시 한 번 둘째는 없다고 다짐 또 다짐했다.

"엄마 쉬 마려워요~."
배변훈련 중인 P의 큰아이가 쉬가 마렵다고 한다.
P는 안절부절. 급히 둘째를 잠시만 안아 달라 하고 큰애랑 화장실로 갔다.
내 팔에 포옥 안긴 백일 아기는 그 작은 손을 꼬옥 쥐고 옹알이를 하며
'어서 이 아기 냄새를 맡으란 말야! 맡아 봐!'라고 하듯이 젖 냄새,
아기 로션 냄새를 방출했다.
"까아~~~~ 우쭈쭈 오야오야 아이고 예뻐라. 둥게둥게 까–꿍!"
아까 했던 다짐은 온데간데없이 그녀는 이미 아기에게 빠져
허우적대고 있었다.
'둘째…… 가져 볼까?'

그렇게 지구상에 인류는 지속된다.

하라면
하기 싫어짐

첫아이는 나에게 엄마가 되는 기쁨과 포기할 수밖에 없는 것들에 대한 서글픔을 동시에 안겨 주었다. 왜 아이를 낳기 전에 이런 생각들을 추상적으로라도 해보지 않았을까. 보살핌 없이는 살아가지 못하는 눈도 못 뜨는 아이를 안고 어르고 달래며 예전의 나를 하나하나 떠나보내다 보니 아이가 걷고 말을 하기 시작했다.

시간은 참 빠르게도 지나갔다.
사람들은 동생이 있어야 하지 않겠냐 했다. 지나가는 아주머니, 슈퍼 주인, 시어머니, 친정엄마, 길가에 늘어선 가로수마저 나에게 둘째를 가지라 했다.

==2년을 내가 어떻게 보냈는데,==
==또 반복하라고 어찌 그리 쉽게 말할 수 있나. 분노. 또 분노.==

실은 우리 부부는 처음부터 아이 둘을 가질 생각이었다.
주변의 둘째 메아리에 반기를 들고 싶은 마음이 스멀스멀 기어올라

이렇게 끝낼까 마음먹어 보기도 했지만, '그래, 우리가 결정한 일이었지.
휘둘려서가 아니야'라며 4인 가족 프로젝트를 시작했다.

"그때 너, 하나만 낳는다고 했잖아~."
"하도 주위서 짜증나게 해서 열 터져서 그랬다."
둘째를 임신하고 나니 주변 사람들이 또 입을 대기 시작했다.
부른 배로 아직 큰애라고 부르기도 뭐한 두돌쟁이 준이를 태우고
뽀로로 자전거를 밀 때면 사람들이 "아이고, 엄마 힘들겠네~"를 외쳤다.
안쓰러운 눈빛이 쏟아지며 "애도 어린데 고생이네"라며 다가왔다.

아, 제발 날 모른 척해 줘요.
나도 내가 이 고생을 왜 또 하고 있는지 모르겠단 말이에요.

미혼 친구 그리고 나

결혼을 기점으로 친구들 모임에서 묘하게 어긋나기 시작한다.
결혼 전에 늘 보던 사이라도 어느 순간 '아…… 이건 좀' 싶은 부분이
나타나는데, 설마 나만 그러겠나. 같이 만나는 친구들도
내가 다른 세계 이야기를 하고 있음을 알고 있다.

결혼 준비할 때의 에피소드들은 미혼인 그녀들에게 새로운 소재로
흥미롭기도 하고 곧 닥칠 일이라는 생각에 알아 둬야 할 것만 같아
듣고 맞장구도 치지만 예식 후의 이야기는 처음에야 '그렇군. 그렇군'
할 뿐이지 나중엔 공감도 안 될 뿐더러 모임에 나와 다른 이야기만 하는
모습에 불편하기도 할 터. 만나서 자꾸만 불안해하며 시계를 보다
먼저 가는 내 등 뒤로 아쉬움이 꽂힌다.

그런데 정말 방법이 없다.
나 사는 이야기가 모든 대화의 메인이니까.
미혼일 때는 정말 그땐 그게 관심사였고, 즐거움이었고, 일상이었기에
그 주제로 이야기를 나누었고, 결혼 후엔 정말 모든 것이 바뀌어
아예 다른 인생이 열렸기 때문이지.
주말엔 같이 영화나 연극을 보며 문화생활을 즐겼더라면 이젠 두 배가 된
챙겨야 할 친인척들의 경조사(예전엔 챙길 생각도 않던),

시댁 나들이, 나랑은 별 상관없었던 이제는 필수요소가 된 명절,
남편과의 관계, 살림, 또 살림, 또 살림…… 이어지는 출산, 육아로 인해
회사까지 그만두게 된다면! 뚝 – 대화의 교집합이 끊어지는 게 당연하다.
어쩔 수 없다. 슬프지만 결혼 전후로 나의 삶은 달라졌다.

이제는 종종 페이스북을 통해 친구들의 소식을 듣는다.
아, 아직도 열심히 일하고 있구나. 남자친구가 생겼구나, 해외여행을
다녀왔구나. 세로수길 맛집에서 뭔 요린가 싶은 음식도 먹었구나.
그들을 통해 대리만족을 하며 어느 외로운 날은 눈물을 흘린 적도 있다.

그러다 옆에서 "엄마 왜 울어?"
쳐다보는 아이에게 "아냐. 엄마 안 울어."
아닌 척도 해봤다. 예전이 그립다가도,
지금을 부정할 수 없는 존재인 내 사랑하는 아이들.

그렇게 5년이 지나고,
이제야 어린 아기를 키우게 된 친구들이 나에게 말한다.
"너 참 혼자 힘들었겠어……"라고.
사는 곳이 멀어 자주 만나진 못하지만 이제 우리의 대화는 99% 이해로
뭉쳐지는 것 같다. 택배로 서로 아이 물건을 주고받으며 수다를 떨게
되었다. 우리는 그렇게 다시 세월을 공감하기 시작했다.
뭉쳐 다니던 그 시절처럼.

친구와 친구 아들, 나의 딸

20대 초반을 함께하며 그 이상한 사진을 찍어 대던 시절의
친구들이 결혼을 하고 이제 고 녀석의 아이들이 내 아이랑 함께 만나
놀기 시작한다.

단지 그뿐인데……
　　……뭉클한 이 감정.

우리는 10년을 지나왔고 그 사이에 참 많은 일들이 있었지만
지금은 신기하리만치 같은 모습으로 매일을 보내고 있다.
아마 그녀들도 지금 저녁을 준비하고 있을 것이고 아이들을 씻기고 있겠지.
다른 세상의 모든 엄마들처럼.
10년 전엔 이런 모습 상상이나 했었나.

그래도 다행이야,
이런 일상을 너희들과 공유할 수 있어서.

그리고 내 글을 즐거이 읽어 주는,
블로그에 들러 주는 그대들의 두 눈에 건배.
우리도 이렇게 같이 늙어 가는 거 맞죠?^^

엄마의
카페 나들이

 지금 나는 카페에 와 있다!

일어나자마자 두 녀석의 등원 가방을 부랴부랴 챙기고,
아침을 먹이고, 씻기고, 건조대에서 마른 옷을 걷어 입히고, 내 가방을
챙기고, 고양이 세수를 한 뒤 어제 입었던 옷을 입고 등원길에 나선다.
아이들은 깨끗하고 엄마만 초췌하지만 신경 쓰지 않기로 한다.
어제 입었던 레깅스인지 새로 뜯은 레깅스인지 알게 뭐람!
멋진 남자가 나타나 "우리 사귈래요?" 할 것도 아닌데 뭘.
그것보다 유모차에 탑승한 두 녀석과 유모차 걸이에 주렁주렁
걸린 가방들, 세탁한 낮잠 이불 보따리를 보면 피난민이 따로 없으니
나의 레깅스 따위!

집을 중심으로 서로 정반대에 있는 녀석들 어린이집 등원을 클리어하고
나면, 저질 체력으로 헉헉대다가도 흡~ 하~ 혼자됨의 공기를
들이마시는 순간! 미세먼지마저도 정화되어 꽃향기가 나기 시작한다.
아~ 갑자기 느껴지는 이 자유로움이라니. 발걸음마저 랄라랄라.

여기에 앉아 있으면 예전 내 모습이 떠오른다. 지금에야 이렇게
혼자 앉아 있을 수 있지만 불과 얼마 전만 해도 유모차 끌고 나와
방황하다가 아이가 잠들어야 겨우 들어올 수 있는 곳이었다.
이 커피가 뭐라고, 이 한 잔을 마시기 위해 동네를 돌고 돌았나.
커피야 집에도 있는 것을.

카페에 풍기는 원두 향,
잘 꾸며진 인테리어. 커피를 마시는 사람들.
그 공간이 그리워서 오고 싶던 곳.
한땐 남자친구와 나란히 앉아
갸르릉갸르릉하던 곳.
그때 기분을 느끼고 싶어
애를 써서 오는 곳.
아이가 깨서 울면 다시 놀이터로 가
들고 온 커피를 마실지라도.

엄마가 된다고 새로운 인류가 되는 것은 아닐진대,
예전의 내 모든 기억과 감성마저 사라지는 것은 아닐 텐데,
세상은 우리에게 엄마로만 살라 한다.
아이만을 위한 외출, 아이만을 위한 하루.
어쩔 수 없는 쳇바퀴 같은 일상에 쉼표 하나 찍고 싶음을 아는가.
아이에겐 엄마일지라도 나 자신에게 나는 나라는 한 사람이잖아.

엄마에게
송년회란?

엄마에게 송년회란
이미 한참 전에 경력 단절되었거나
단체로 만나던 소속된 그룹마저 다시 끼기 어려운
흐지부지한 새도 닭도 아닌
비둘기 같은 존재가 되어
동네 엄마라도 모이면 다행인데
그마저도 겨울이라 애가 열감기 걸려서
백만 년 만에 저녁에 나가려다
마음 약해져 아픈 아이 끌어안고
연말 참 싫다, 하는 그런 거?

베니건스 홈파티 세트로 집에서 해먹을까,
늘 쿠팡, 위메프나 뒤지다가 결국 끄는 그런 거?
나 혼자 호텔에서 하루 쉬고 마사지도 받고
조식도 먹으면 좋겠다, 꿈만 꿨다가
정말 간 친구 때문에 열 터지는 그런 거?

더욱 외로워지는 그런 거.
괜히 더 화가 나는 그런 거.
잘 참고 있다가.
괜히.

엄마, 우리 엄마

스물일곱에 결혼을 했다. 주변에 비해 많이 늦은 결혼이었다.
동생이 줄줄이 있는 집의 맏이인 내가 만나는 사람도 없이 이대로
늙어 버리는 것이 아닐까 걱정도 됐다.
동네 통장 아줌마가 주선해 준 선 자리에서 남편을 만났다.
남편은 나보다 여섯 살이나 많은 노총각이었다. 성실한 공무원이었고
든든하니 남자다웠다. 그 외의 모습은 잘 생각이 나지 않는다.
연애 경험도 없는 나는 남자에 대한 어떤 기준, 대략의 이상형도
없었나 보다. 한순간에 반해 버리는 격정적인 연애소설은 아니었어도
자연스레 이 사람과 앞으로를 함께해도 좋겠다는 생각이 들었다.

우리는 경제적으로 여유롭진 않았다. 하지만 나도 남편도 일을 하니
천천히 모으면 되겠다 생각했다. 그 사이 아이도 생겼지만
일을 쉬진 않았다. 출산 후에도 보모 아주머니를 두고 출근했다.
딸도 아주머니를 잘 따랐다.
아주머니가 오지 않는 날은 같은 또래의 아이가 있는 올케가 봐주기도
했는데, 딸이 그 사촌아이를 꼬집는다 했다. 걱정은 되었지만 그 시기의
문제라고 생각하고 "그러면 안 돼, 아파"라고 말해 주다 보면
나아지겠거니 생각했다.
하지만 내 생각이 틀렸음을 얼마 후 알게 되었다.

딸이 스스로를 꼬집기 시작했다.
이대로는 더 이상 아무 의미 없음을 알았다.
회사, 돈, 나의 커리어. 내가 중요하다 생각하는 모든 순위,
그 위에 내 아이가 있었다.

내 딸이 결혼을 했다. 얼마 후 아이를 가졌다.
딸이 공들여 시작한 일이 겨우 자리를 잡으려던 시점이었다.
내가 아이를 봐주마 할 수도 없는 상황이었다. 몸을 푼 지 얼마 되지 않아
보모에게 아이를 맡긴 채 다시 복귀했지만 이제 막 눈을 마주치는 아이,
태열이 머리를 뒤덮어 온통 노란 뾰루지가 나던 아기를 두고 고민하던
딸은 마음을 접었다. 지금 아니더라도 또 기회가 있을 거라며.

어쩜 이리도 30년 전 나와 닮았을까.
많은 희생 위에 세워지는 엄마의 모습까지.
아마 다시 예전으로 돌아가도
더 좋은 방법은 없었을
거라고 생각해.
그때마다 아쉬움은 남아도
네 말대로 기회는 또 올 거야.
너에게 와준 두 아이처럼
행운 같이.

나란 사람 여기 있어요

육아요정 엔즈.
말도 안 되는 닉네임으로 '전투육아블로그'라는 이름의 블로그를
운영한 이유는 순전히 나를 위해서였다.
아이와 난리통의 하루를 보내며 내 이야기를 하고 싶었고, 내 이야기를
들어주길 바랐다. 이렇게라도 하지 않으면 예전의 나는 사라지고
준이, 솔이의 엄마로만 하루를 보내다 잠들 것 같았다.

결국 내 이야기는 내 하루 속에 녹아 있는 것이고,
내 24시간은 아이들의 일과이기에 육아블로그가 되는 것은 당연했지만
그 나날들 속에서 내 마음을 거쳐 나오는 이야기들이 나 아니던가.
그렇게 생각하기로 했다. 그러면 좀 더 즐겁겠지, 좀 더 솔직해지겠지.
'시간 지나고 나중에 보면 아이들만이 아니라
나도 돌이켜 볼 수 있을 거야'라고 막연하게.

한발 뒤로 물러서서 바라보는 나의 하루는 너무 리얼했다.
같은 크기로 아이들의 하루도 리얼했다.
녀석들을 낳기 전 내가 어땠는지 떠올리기 어려울 정도로
정신없이 지나갔다. 엄마가 되기 전 느꼈던 감정은
인간이 느끼는 감정의 극히 일부분이었다는 걸 알았다.

진짜 희로애락은 여기에 있었다.
포장할 수 없는 리얼한 하루 속에 극에서 극으로 오가는 감정들.
이런 속마음을 숨기고 좋은 엄마가 될 수 있을까?
아니, 내가 살 수 있을까?
'오늘 이래서 행복했다. 이래서 외로웠다. 이래서 슬프고 이래서 힘이 났고
미안했다'라고 꺼내는 것에서부터 내 자신 보듬기는 시작되리라.
그러고 나면 좀 더 단단한 엄마로서의 내가 될 수 있을 거라고 생각했다.

그렇게 하나하나 글을 썼다. 내 성격을 떠올리면서.
예전에 나 꽤나 쾌활한 아가씨였지 않았나.

이왕이면 좀 더 즐거워지고 싶어 긍정적으로 해석하고 접근해 보자,
마음먹었다. 아이 때문에 힘들어도 결국 아이로 인해 웃는 것이 부모라며.
그럼 엄마로서의 나도 '유쾌상쾌통쾌' 할 수 있겠지.
어질러진 장난감 앞에서 "나, 너무 신나요!"라는 얼굴로
깔깔 폴짝거리는 아이를 바라보며 "이놈 시끼……!"
화가 나다가도 어이없어
피~식 웃는 것도 웃는 거라고 치자~!

가방
변천사

올봄은 미니 크로스백이 유행이라고 한다.
작은 반지갑과 립글로스, 파우더 하나와 머리끈 하나 넣으면
꽉 차는 가방이란다.

아이 낳으러 가기 전 넣고 넣고 또 넣으며 꽉 채웠던 출산 가방이
기억난다. 저 멀리 다른 나라 오지에 가서 낳는 것도 아닌데
왜 그리 필요한(하다고 생각하는) 것들이 많은지!
그 큰 가방을 싸면서 깨달았어야 했다.
이제 작은 귀요밍한 가방과는 빠빠이~라는 것을.
앞으로 나는 기저귀 가방을 검색하게 될 것이라는 걸.
그 선두를 출산 가방으로 끊고 있다는 사실을 몰랐던 것이다.

병원에서는 아이를 낳으면 병원 로고가 들어간 기저귀 가방에
육아에 필요한 물건을 챙겨 준다.
그 가방을 들고 나올 때는 정신이 없어 몰랐지만 아이가 백일쯤 되니
그 가방은 내려 두고 싶어졌다.

곰돌이가 곰돌곰돌하게 잔뜩 그려진 커다란 숄더백이라니…….
예전의 나라면 절대 들지 않았을 그 가방을 잘도 들고 다녔다 싶다.
실은 이 가방이 그런 패턴이거나 말거나 관심도 없고 상관도 없었다.
애랑 나가는 것에 심장이 벌렁거리던 백일 전 초보엄마 아니던가.
짐만 잘 들어가면 그만이었으니까.
하지만 곧 아기띠로 아기를 메는 것에 익숙해질 즈음
가방 검색이 시작되었으니…….

첫째, 가방 자체가 가벼울 것 – 가죽 가방, 안녕~
둘째, 숄더백이라면 어깨끈이 넓고 길어 걸친 뒤 흘러내리지 않아야 하며,
백팩이면 등에 딱 붙어 흔들림이 적어야 한다. 앞으로 아기띠를 하고,
백팩을 뒤로 멜 경우를 생각하면 가방 어깨끈이 두껍지 않은 것,
가방 폭이 넓지 않은 것이 좋겠지!
셋째, 물건을 찾기 쉽게 가방 속 칸막이와 수납 지퍼 등이
나뉘어 있어야 하고 고정이 잘 되게 칸막이 자체가 흐느적거리지
않아야 함은 기본!

등등등!
고가부터 저가의 가방까지 돌고 돌아 구입했어도 결국 외출하면
다 뒤섞이는 일은 미스터리로 남겨 두자. 카드 지갑은 왜 늘 가방 맨 밑
어딘가에 깔려 있고, 집에 두고 나온 줄 알았던 핸드폰이 왜 가방 속에
얌전히 자리 잡고 있는지도 의문점 중의 하나겠다.

자, 이제 시간이 흘러 아이는 어린이집에 가게 되었다.
등원을 하고 나면 엄마는?
그래! 더 이상 기저귀라든지 아이 간식이라든지 여벌옷 등의
짐꾼이 될 필요가 없어진다.
아아, 필요하다면 그것들은 언제든 아이 가방이나 유모차에 담거나
정~ 급하면 근처 편의점을 이용해도 충분하니까.
그래, 이제는 미니 크로스 백을 사도 될 때가 왔다.
몇 년 전 유행하던 파우치에 담긴 유물 같은 가방은 잠시 내려 두고
지금 유행하는 작은 가방 하나를 사서 립글로스, 파우더, 핸드크림,
지갑만 담아 보는 것은 어떤가.

 "엄마 좀 이따가 올게.
이따 봐. 재미있게 놀아. 사랑해, 우리 딸~~~♥"

하고 나오며 가방은 가볍게, 발걸음은 상쾌하게!
이제 더 이상 내 가방엔 물티슈 없다!!!

남자와 눈으로 대화해 본 게
언제인가요?

아이 콘택트.

남자와 눈으로 이야기 나누어 본 기억, 나나요?
그래요 남자요. 남편 말고 다른 남자요.
분명 나 잘나가던 시절엔 상대방 눈 또렷이 쳐다보며 "나 매력적이지"
끼를 끼룩끼룩 흘리며 웃으며 말을 주고받던 시절이 있었죠.
그러고 나면 상대가 남자일 경우엔 그냥 넘어와요. 나무가 팍 쓰러지듯이.
아, 이놈 또 벌목됐구나.

하지만 그냥 그걸로 끝일 경우도 많았죠.
그냥 매력을 뿌렸을 뿐 거둘 생각은 없었으니까.
그만큼 자신감 넘치던 사파이어 같던 시절이 있었어요.

결혼하고 아이를 키우며 살다 보니 내 모습은 그때랑은 상당히 다르죠.
누가 봐도 달라요. 아무리 피부를 보정하고 셀카 각도를 높이 들고 얼굴을
뿌~ 해도 피곤한 모습은 지울 수가 없어요.

그쯤이었던 것 같아요.
슬슬 상대와 눈을 마주치지 못하고 발끝을 보거나 괜히
아이 머리를 쓰다듬으며 인사하고 대화를 하기 시작하기 시작했어요.
왜 상대방을 보지 못하고 시선을 여기저기 돌리는지…….
눈을 빛내며 내 매력, 내 자신감, 내 화사함, 내 당당함 포텐을 터트리며
대화를 하던 내 모습은 어디로 갔는지…….

오늘 한 5년 만에 남자랑 눈을 마주치며 눈으로 대화를 했어요,
남편이 아닌 남자랑. 우리는 좀 멀리 떨어져 있었어요.
그 남자는 저에게 씩 웃으며 미소를 보냈죠.

저도 웃으며 그 남자랑 눈으로 이야기를 했어요.
입모양과 제스처를 곁들이긴 했지만 우린 시선을 서로 강하게
부딪혔다고 느꼈어요. 그는 저에게 눈으로 이렇게 물었죠.

"이 커피 누구 거냐 손님 거냐?"
"아뇨. 제 거 아님. 그거 누가 놓고 갔음. 난 모름."
"아, 그럼 버릴게요."
"알았어요."

 그 남자는 키즈 카페 사장이었다네.
제엔장, 성질 난다. 차라리 말로 해.

아이러니

여자들이 모이면 나오는,
"남편 얼굴을 볼 새가 없어~"
"애들 잘 때 들어오고 자고 있을 때 출근해"
하는 이 시대 아빠 중의 한 명이 내 남편이다.

로맨틱하게도 함께 아침에 눈을 뜨고 하루를 보내고 싶어 한 결혼이
아이들과 엄마로서의 나만 남은 기분. 모두 그런 상황을 토로하고 있다.
다행인가. 우리 집만 그런 것이 아니라서?

결혼 전에 하던 바쁜 생활,
30대는 본격적으로 밀어닥치는 나이라더니 야근과 야근과 야근.
온 가족이 함께하는 저녁 시간은 귀하기만 한
이 시대의 평범한 모습 속에 우리가 있었다.
어쩌다 아이들이 새벽같이 일어난 날은 아침부터 종알종알 쉴 새 없이
아빠에게 말을 걸고, 출근 준비하랴 정신없는 와중에도 애들 한번
안아 보자고 꽉 안으면 버둥버둥 활어마냥 펄떡이는 꼬마들.

"가만히 좀 안겨 있어 봐라, 녀석들아.
아빠 너희 기운 좀 받게."

신생아부터 돌, 두 돌까지.
이제 막 엄마가 되기 시작해 전투육아의 중심에 있던 나는
그 모든 피곤함과 억울함을 모아 남편에게 장풍을 날렸더랬다.
엄청난 기를 모아 날린 장풍을 남편은 처음엔 그대로 맞으며 헉헉대다가
나중엔 본인의 피곤함을 더해 반사를 날리고, 아내는 다시 돌아온 에너지에
아이의 떼 쓰는 사진 이미지를 더해 무지개 반사를 다시 날려 보냈다.
그렇게 펀치를 주고받다 기진맥진 상태로 시간이 흘렀다.

그러다 아이가 여섯 살, 네 살이 되었다. 우리가 결혼한 지도 6년이 지났다.
아무리 손이 많이 간다 해도 돌쟁이만큼 마음 졸이진 않아도 되는
나이가 되고 나니 내가 보이고 남편이 보인다.
그는 두 아이 아빠로 예전보다 더 어깨가 무거워진 채 하루를
버티고 있는데 나는 해줄 수 있는 일이 없다. 게다가 아이들 때문에
힘든 일이 있어도 장풍을 쏘자니 이제는 그가 쓰러질까 겁도 난다.

우리의 6년이 지나간 것처럼 또 순식간에 시간은 지나갈 텐데,
나는 엄마로서 아내로서 어떤 선택을 해야 할까.
시간의 속도가 빠르다는 것을 아이를 낳고 나서야 알게 된 무디고 둔한 여자.
그런데도 오늘 오후는 또 어찌 때우나 생각하는 아이러니라니!

아	아		미	안	하	다	가	도		
미	안	하	지		않	다	가	도		미	안	하	고
			근	데		성	질	나

"저쪽으로 가서 자라고. 가!"
한마디에 흐느낀다,
엄마 옆에서 자고 싶었다며.

난 또 너를 다 큰 애 대하듯 했구나.
네가 하도 안 자서 너무 화가 났어.
그래도 미안해 죽을 것 같다.

즐거운 하루였는데······.
그래도 그런 너를 견디기가 힘들었어.
:
:
:
이런 나한테 또 화가 나.

아아,
미안하다가도 미안하지 않다가도 미안하고 근데 성질나.

그래도 미안,
아가.

버리지 못하는 박스

'왜 아줌마들은 저런 옷을 입을까' 하고 생각했던
풋내기 시절이 있었다.
한껏 꾸미고 나온 것 같은데도 뭔가 촌스러운, 둥근 칼라에
어깨에 셔링이 들어간 한참 유행이 지난 디테일의
롱 재킷이라든지, 커다란 금장 단추의 사파리에는
부츠 컷이나 통이 넓은 일자 청바지가 매치되어 있었다.

결혼 6년 차.
늘 아이 옷을 넣을 공간이 부족했다.
녀석들은 콩나물처럼 쑥쑥 자라더라.
발은 또 어떤지.
한 치수 한 치수 늘다 보니 두 녀석 합쳐 다리는
네 개뿐인데, 신발장은 아이들 것으로 꽉 찼다.
날 잡고 옷장 하나를 더 비우기 위해 한참을 봉인해 뒀던
내 옷장과 옷 박스를 열었다.

결혼한다고 맞췄던 예복 투피스, 남편과 연애할 때 사들였던
하늘하늘 소녀스러운 원피스 더미들, 유혹 좀 해볼까 하고 입었던
짧은 스커트, 아스라한 블라우스들, 재킷들, 이제는 맞지 않는 S사이즈의
바지들도 켜켜이 쌓인 단층처럼 그곳에 정지해 있었다.

내 청춘의 냄새.
그 시절 스토리들이 녹아 있는 한 벌 한 벌을 꺼내 보니
입을 수도 없으면서 버릴 수도 없더라.
정리하자고 열었다가 결국 버리지 못하는 박스 하나를 더 만들 뿐이었다.
'왜 아줌마들은 저런 옷을 입을까' 하고 생각했던 풋내기 시절엔
이런 박스가 생기리라고 생각이나 했겠나.
궁상떨지 말고 버리라고 말하기엔 너무 예뻤던 옷이다.
고르던 기억이 생생해서 출산과 육아로 불어난 몸에 들어가지도
않을지언정 쉽게 버리지는 못하는 것들이다.
언젠가 살이 빠지면 "어머. 이 옷이 다시 들어가!" 하며
다시 입어 볼까 싶기도 하고 말이다.
그리고 기분 좋게 길을 나서면 그 시절 내가 그랬듯이
누군가는 날 보며 지나간 유행에 대해 말하려나.
아니면 그것조차 못 느끼며 또 아이 옷만 잔뜩 사서 돌아오려나.

다시 박스를 열어 부츠 컷 청바지 몇 벌을 꺼내 처분하는 것으로
오늘의 옷 정리는 마무리하기로 한다. '이 정도면 괜찮겠지?' 하면서.

혼자만의
시간에도

아이를 어린이집에 보냈다. 이제 이 난리가 났던 집도, 황폐해졌던
나도 뒤돌아볼 수 있는 시간적 여유가 생겼다.
등하원길, 놀이터 유니폼이었던 차콜색 치마 레깅스와 회색 후드 집업.
대충 던져뒀다가 다음 날 또 입기를 몇 해였던가.
그래, 이젠 입지 않겠어! 마음먹고 좀 더 화사한 재킷과
보풀 없는 바지를 입었다. 질끈 묶고 다녀서 얼마나 길었는지
감도 안 오는 머리도 미용실에서 정돈했다.
아, 나에게 이런 단발이 잘 어울렸나? 거울 속의 나는 오늘 좀 달라 보인다.
오랜만에 그린 아이라인 때문일지도 모른다.

혼자가 된 첫날. 이 날을 축하하자며 예전 회사 동료였던 친구가 점심을
먹자 했다. 아직 일하고 있는 그녀를 위해 강남역까지 가야 했지만 괜찮아.
혼자 지하철 타는 것도 오랜만이니까 나들이 같아 좋다.
승강장으로 내려가는 버튼을 누르는 순간 뭔가 잘못되었다는 것을 느꼈다.
내가 왜 노약자 엘리베이터를 타려 하는가! 아이와 함께 외출하던
그 기억이 나를 지배하고 조종하고 있다! 뒤돌아 또각또각 계단을

내려가는데, 기분이 묘하다. 한쪽 손이 계속 허전하다.
"위험해, 어허! 계단에선 장난치는 거 아니야~ 아야 해요."
"점프 안 돼~." "엄마 안아 안아~~."
결국 아이를 안고 내려가는 길 발끝은 왜 그리도 보이지 않던지.
계단을 감으로 내려가던 만삭 시절과 다름을 찾는다면 아이가 더 무겁고
버둥댄다는 것. 도리도리. 고 녀석은 지금 어린이집에 있잖아.
왜 이래. 지금은 혼자의 시간을 즐기자.

주머니에 손을 넣고 시크하게 걸어 내려갔다.
지하철 안엔 사람이 많았다. 모두들 이 시간에 어딜 가는 걸까?
대학생들, 젊은 남녀들, 외근하고 돌아가는 듯한 직장인들,
오늘만큼은 이 활기 넘치는 2호선 속에 나도 섞여 있다.
커리어우먼으로 보일까? 아님 혹 아가씨로 보일까?
에이, 설마. ㅎㅎ~
문 옆에 기대어 유리창에 비춰진 내 모습을 바라보며 흥얼흥얼
노래가 절로 나왔다.

"노는 게 제일 좋아, 친구들 모여라
언제나 즐거워 개구쟁이 뽀로로~~."

올 것 같지 않던
시간은 온다

별거 아닌 햄버거 사진이지만
나에게는 두 아이를 모두 처음으로
동시에 등원시키고 먹는
5년 만의 공식적인 혼자만의 식사.

올 것 같지 않던 시간은 온다.

그리고 이제 난 스스로 불안감에
여성발전센터 교육 사이트를 뒤지겠지만
일단은 천천히
상하이스파이스치킨버거나 먹자!

악! 애들이 없으니까 불안해.

| 숨 | 좀 | 고 | 르 | 고 | | 갈 | 게 | 요 |

아이를 어린이집에 보내고 나면 따라오는 말들이 있다.

"그럼 이제 뭐할 건데?"
"일도 안하는데 어린이집엔 왜 보내?"
"낮에 뭐해?"

치열한 입시경쟁을 치렀다.
대학에 들어갔다. 학교 다니는 내내 학과에 소홀하지 않았고
새로운 기술들을 배우느라 적지 않은 돈을 들여 학원도 다녔다.
각종 공모전마다 도전하며 이력서에 넣을 한 줄 한 줄들을 만들어 나갔다.
한 해 한 휴학 기간에는 사회생활도 경험했다.
내 딴엔 참 애썼던 20대 초반이 지나갔다.

졸업 후 번듯한 직장은 아니었지만 그래도 전공을 살려 일을 했다.
내가 노력한 만큼 사회에서도 인정받고 언젠간 성공하리라 생각했다.
부모님을 생각해도 그래야 했다.
나에게 돈이 얼마나 들었는데…….

사랑하는 사람이 생기고 당연한 수순인 것처럼 결혼을 했다.

아이가 생겼다. 아이를 맡길 여건이 되지 않았다.
갓난아이가 눈에 아른거려 일을 접었다.
그게 벌써 5년도 더 전 이야기다.

그리고 그만큼 사회와 멀어졌다. 멀어진 만큼 자신감도 사라졌다.
전공했던 분야의 기억은 희미해졌고, 감은 대부분 잃었으며
신입으로도 경력으로도 내밀기 힘든 삼십 대 중반의 나이와 함께
'5년간의 육아 경력'만이 남았다.
허투루 지낸 5년은 아닌데도 어디에 내밀어 인정받을 순 없는
그간의 내 시간들.

아이를 키우며 내내 이렇게 나는 사라지고 엄마로서의 역할만
남는 게 아닌가 고민했던 순간들이 가슴에 멍으로 남아 버렸다.

이제서야 나에게 6시간이 생겼는데,
그럼 이제 뭐할 거냐, 무심히 던지는 질문에 멍든 자리가 더 아파 온다.
그 질문은 이미 스스로에게 백 번 천 번 던지고 있었으므로.
하지만 난 아이를 데리러 가야 하는 엄마.

큰마음 먹고 사회에 다시 뛰어들기엔 많은 것들이 걸려서,
또 '그래서 내가 일을 못해'라고 말하기엔
'이제 와서 내가 뭘 할 수 있을까' 하는
두려움으로 스스로에게 벽을 치는 것일지도 모른다.
알고 있다.
그래도, 4시가 다가오면
엄마는 모든 생각을 꿀꺽 삼키고 웃으며 하원길에 나설 테지.
너 참 잘 살고 있다고 해줬으면 좋겠다.

숨 고르는 시간도 필요합니다.
저기 일단 잠시만요.
반 십 년을 애만 키웠으니
숨 좀 고르고 갈게요.

쇼핑

근 몇 년 사이 세상이 바뀐 속도만큼 육아 세상에도 많은 변화가 생겼다.

첫아이를 키울 때는 처음 아이폰을 접하던 때.
워낙 초창기라 스마트한 여러 가지 기능 사용은 한계가 있었고
뭐 하나를 장만하기 위해서는 집에 있는 컴퓨터 전원 버튼을
눌러야만 했다.

맘스홀리끄에서 출산 가방 리스트 파일을 다운받을 때가 생각난다.
내가 필요한 것을 체크하고, 지시장, 열하나번가, 옥시연 등의
사이트에서 하나하나 구매하며 뿌듯했지.
인터넷으로 주문하고 택배로 받는 과정은 지금이랑 크게 다를 바 없지만
이제는 그 모든 것을 스마트폰으로 속전속결 바로 해결해 버릴 수 있다.

더 저렴한 것을 순식간에 찾아내고 핫딜 문자를 푸시받고,
육아용품 구입의 천국!
기저귀를 싸게 샀을 때의 그 희열!

소셜 쇼핑 앱에서 2시, 6시에 뿌리는
3만 원 이상 구입시 만 원 할인쿠폰을 받았을 때의 그 승리감!
그것으로 뭘 살까 찾아볼 때는 두근거리기까지 해서 주말마다
택배 박스 은폐하느라 힘들어 죽겠다.

오늘도 나는 쇼핑 앱을 지워 본다.
그러나 내일은 또 내일의 앱을 깔겠지.

실은 이미 알고 있었어

날이 너무 좋았다. 아이를 등원시키고 밀린 빨래를 해서 널다 보니 봄이 왔음을 알았다. 이 따스한 햇살은 젖은 양말과 나란히 세워 둔 운동화에만 주어진 특혜는 아닐 터.
몇 년 동안 계절은 육아와 살림의 환경적 요인으로만 존재했다. 야외 활동을 오래 할 수 있는 날인지, 많은 비를 동반한 태풍이 오는 계절인지, 추우니 내복을 입혀야 하나 말아야 하나 고민하다 기모바지를 주문할 시기가 오는지 판단하는 게 전부였다.

이렇게 내 오감으로 봄을 느낀 것이 얼마 만일까?
순간 '옷 정리를 해야 하는데……'라는 생각이 든 건 별 수 없지만 오늘 말고 내일도 있다. 그러기에 오늘은 너무 아쉬운 날이잖아.
데리러 가기까지 몇 시간은 여유가 있다.
가까운 곳은 다녀올 수 있겠어.

남산은 벚꽃이 만발해 있었다.
굽이 돌아 올라가는 길, 바람이 불면 꽃잎이 날려 흩어졌다.
이 황홀한 길을 혼자 걷고 있다.
사진을 찍어 보고, 떨어진 꽃잎도 주워 보고,
벤치에 앉아 산 아래 풍경도 바라보다가

"참 외롭다."

하고 싶지 않았던 말이 입에서 튀어나왔다.
혼자라서 여유롭고 혼자 걸어 원하는 곳으로 갈 수 있으면서도
복닥복닥 이는 나날들에 방법 없이 익숙해져 버린 나는 이 길이
사무치게 외로운 길이라는 것을 실은 출발하기 전부터 알고 있었다.

늘 아쉬워하고 기다리던 시간이 훅 하고 다가온 순간,
더 확실히 느껴졌다. 아이들이 보고 싶다고.
함께 왔으면 좋았을 거라고.

고품격 가을 시

바람이 선선해진다
여름 가고 가을 오는가
가을 가을이 좋다.

그와 손잡고 걷던 가을길
밥 안먹고 손만 잡아도
배부르던 가을이 좋다
아, 그래서 배가 불러 왔던가.

가을이 좋다
냄비에 둔 국, 냉장고에 안 넣어도
쉬어 버리지 않는 가을이 좋다
그 국 오늘도 종일 먹어야지.

시 해석 : 현대시,
손만 잡고 자도 위험할 수 있다는 내적 갈등을 표현한 고퀄시.
자신을 국으로 함축하여 냉장고라는 갇힌 틀 안에 살지 않겠다,
그래도 쉬어 버리게 하지 않겠다는 시적 화자의 곧고 푸른 자의식이 돋보인다.

| 엄마 마음 둥실 ~

오랜만에 솔이 먼저 등원하고
준이랑 손 꼭 붙잡고 어린이집 가는 길.

버스 정류장에 앉아
날 끌어안으며 말한다.
"엄마 너무 좋아~."

옆에 앉은 할머니도 빙그레
서있는 아줌마도 빙그레
모두들 웃는다.

어깨 으쓱
뿌듯 뿌듯

| 엄 | 마 | | 되 | 길 | | 잘 | 했 | 어 |

여섯 살 준이.
엄마가 오자마자 뛰어나와
티셔츠 가슴팍에 달린 작은 주머니에서
"엄마, 편지야" 하며 꺼내 내민다.

옆에서 선생님이 말해 준다.
"어머님, 준이가 엄마 드린다고 오전부터 지니고 있었어요.
잃어버리면 안 된다고."

"엄마, 여기 앉아 편지 봐봐. 예쁜 모양들이야.
신기하지~ 엄마 좋지~?"

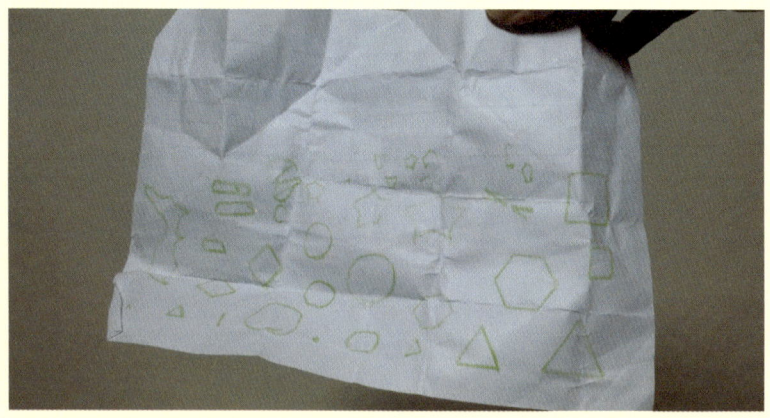

모양자를 대고 하나하나 열심히 따라 그리며
엄마 줘야지 엄마 줘야지 했을 모습이 훤해서 너의 가슴팍에
몇 시간이고 담고 있었을 마음이 전해져
'사랑해, 엄마'라고 애틋함으로 읽힌다.

엄마라는 이유 하나만으로 이 많은 걸 받을 수 있다니.
엄마 되길 잘했어. 정말!

동네 엄마

아이 낳고 난 후 나이는 상관없이 친구가 되는 현상.
우리는 그것을 동네 엄마라고 한다.

대학 다닐 때까지만 해도 학번과 나이를 따졌더랬다.
한 학번 위의 선배는 한 살이 많든 내가 재수를 해서 그놈과 동갑이든간에
선배님이었다. 사석에서야 눈치 보며 "누구야"라고
이름을 부를 수 있다 해도 사람들 많은 곳에선 깨갱 목소리가 작아졌다.
더더더 어릴 때로 돌아가면 "엄마, 얘가 나한테 야! 라고 했어.
나, 야 아니거든! 8살이거든~!" 싸워 댔었고.

그 모든 나이 드립이 아무 상관없어지는 지점이 있으니,
신생아 시기가 끝나고 놀이터로 데리고 나가던 때,
문화센터에 슬금슬금 데뷔하던 때로 돌아가 보자.
생판 모르는 두 여자가 안면을 틀 때 하는 말이 기억난다.
"몇 개월이에요?"
아! 물론 상대 여자의 개월 수를 묻는 건 아니다!

여기에 "음…… 제가 그러니까 30살인데…… 30×12를 하면……"
이라고 바보 같은 대답을 하면 안 됨.
절대 안 됨.

그 순간 정적이 흐를 것이야. (초보엄마는 밑줄을 그으며 읽도록!)
이 몇 개월이냐는 질문은 많은 것을 내포한다.
1. <mark>정말 애가 몇 개월인지 궁금하다.</mark>
2. <mark>님과 안면 트고 싶음.</mark>
3. <mark>나 쫌 많이 외로움.</mark>

1번만 생각하고 "10개월이오" 하고 입을 다물면
그렇게 또 매일 놀이터에서 새로운 사람에게 몇 개월이냐는 질문만 듣다가
동네 엄마를 사귀는 것은 끝나 버리니 주의.
1, 2, 3을 복합적으로 생각해서 연습을 해보자.

Q. 몇 개월이에요?
A. 아, 10개월요. ^^(웃음) 우리 아기랑 비슷해 보이네요~.
　　그 집 아기는 몇 개월이에요?^^(웃음)
Q. 아, 아기 말고 님이요.
　　→ 대화 종료. 사이코다. 도망치자.

다시, 정상인의 범주로 돌아가 연습해 보자.

Q. 몇 개월이에요?

A. 아…… 10개월요.^^ (웃음) 우리 아기랑 비슷해 보이네요. 몇 개월이에요? ^^ (웃음)

Q. 그러네요.^^ 얘는 이제 다음 달에 돌이에요. 친구구나~ 친구, 안녕~ 해야지.

A. 안녕~. (물론 애는 못함. 이 엄마는 복화술 중)

Q. 아기가 크네요.^^ (기분 좋은 대화법)

A. 개월 수보다 좀 큰 것 같긴 해요. 남자애라 그런 걸지도요. ㅎㅎㅎ (매우 좋아함)

Q. 이 동네 사시나 봐요. 종종 길에서 뵌 것 같아요. 애들 참 금방 크네요.^^

→ **친구가 됨.**

♥ We are the world ♥

둘은 친구가 되었다. 그것이 아이 친구건 엄마끼리 친구건 그것은 중요치 않다. 이제 둘은 더 이상 외롭게 놀이터를 거니는 한 마리 사막여우가 아니라는 점이 중요하다.

누구 친구인지 따질 필요 없는 만큼 상대 엄마의 나이도 체크 요소가 되지 않는다. 그저 아이를 중심으로 그녀와 나 사이에 수다 떨 일이 쌓였을 뿐. 더 친밀해지기 위한 필수요소인 인생관, 가치관, 육아 방법 등이 맞다면 그녀를 평생의 친구로 인정해도 좋다.
그녀가 이사를 가지만 않는다면 말이다.

그래서 내가 학교 다닐 때 응애한 나보다 7살 어린 동네 엄마랑 놀고 있는 건가요!

우선순위

아이가 있는 집의 우선순위는 무엇일까?
여기서의 순위라 함은 부모가 제일 신경 쓰는 부분에 대한 이야기인데
결국 부모라는 말의 무게처럼 아이에게 포커스가 맞춰질 테니
1순위는 그들이겠다.
전담으로 육아와 살림을 마크하는 엄마(아빠일 수도 있겠고)인 나에게도
아이는 하루 일과의 메인인 갑님들이라 그들의 일거수일투족이
나의 스케줄일 수밖에 없다.

육아와 살림 = 나의 일

이런 힘 빠지는 공식 앞에서 자꾸만 주춤해진다.
하지만 엄마라는 타이틀이 붙은 이상 방법은 없다.
누군가는 해야 할 일이고 지금 상황엔 그 누군가가 나이니까.
자연스레 내 이름 석 자는 어색해지고, 엄마로서 익숙해져 가는 나날들.
그런 내가 지금 나의 일을 찾아가는 길을 찾고 있다.
대단한 일은 아닐지언정 엄마 타이틀 외의 하나의 이름을 더 가져 보고

싶어 욕심을 부리는 중이다.

그런데 엄마라는 아내라는 역할은 참 나를 뒤로 미뤄야 하는 일이더라.
내가 중요하게 여기는 이 일은 모든 순서의 최하위에 밀려 있었다.
남편의 회사 일, 아이들의 하루 일과와 컨디션, 집안일,
양가 행사 스케줄……
그간 하던 그 모든 것을 다 해낸 후에나 할 수 있는 일이었다.
아, 얼마나 큰 욕심인가.
하던 대로 다하며 그래도 시간이 나면
자아를 실현하든가 말든가……라니.

그냥 나는 잊어버리고 엄마와 아내와 며느리 타이틀만으로 살까,
이름 석 자 없는 셈 치고 휙 집어던질까 하다가도 그러지 못한 채
마른 빨래나 걷어 집어던지고 있다.

세탁기 종료까지 남은 시간 40분.

스마트폰으로
엄마들이 하는 일

1. 엄마아, 일어나아아~ 찰싹! —_—
   뺨 맞고 아침 기상. 또는 머리채, 또는 배 옆구리 강타.
   머리 위 어딘가 있는 핸드폰 찾아 들고 방을 기어 나옴.

2. 밥 먹는 아이 사진 찍기
   : 간만에 잘 먹을 때 예뻐서 or 저지레 할 때 미워서.

3. 등원하는 아이 사진 찍기 : 뭔가 업무 시작 '출근 카드' 찍는 개념.

4. 아까 찍은 1, 2, 3 다시 감상 : 생각보다 잘 못 찍음 – 한숨.

5. 이걸 카스에 올릴까 인스타에 올릴까. 올리면 지겹다고 하겠지.
   페북은 댓츠노노. 나도 내 얘길 올려보고 싶네.
   그럼, 셀카를 찍어 볼까. 찍어 보니 구리네. 지워야지. 길을 감각 있게 찍어 볼까.
   만날 돌아다니는 그 동네가 그 동네네. 감각 있어 봤자 그 동네네. 엘베에 비친
   내 모습을 찍어 볼까. 뚱뚱하네. 지워야지. 아, 아까 아이랑 같이 찍은 거는
   괜찮을까. 아, 애랑 비교되네. 다크 쩌네. 지워야지. 만날 대화하는
   단체 대화방에나 공유하며 마무리. 친구 아이 사진 자주 봐서 내 아이 같음.

6. 결국 아쉬워서 카스 업뎃, 남편은 보지 않음 : 봐도 코멘트 없음.

7. 이기 이기 뭐하는 짓거리야. 하원길 아이 사진 또 찍기 : 멈출 수가 없음.

8. 집에 와서 애들 노는 동영상 찍기 : 그 순간을 놓칠 수가 없음.

9. 가족 밴드에 올리기 : 일일 업무보고 개념 – 상사는 조부모님.

10. 지마켓, 11번가, 옥션, 홈쇼핑, 홈플러스, 이마트, 롯데마트, 위메프, 쿠팡, 티몬 다 돌다가 뭐하는 짓인가 하며 잠들기 : 아침에 뺨 맞고 일어나면 '헉 어제 내가 뭐 샀지' 장바구니 뒤져 보고 놀람.

오, 놀라워하지마.
　　　　그대의 미래야.

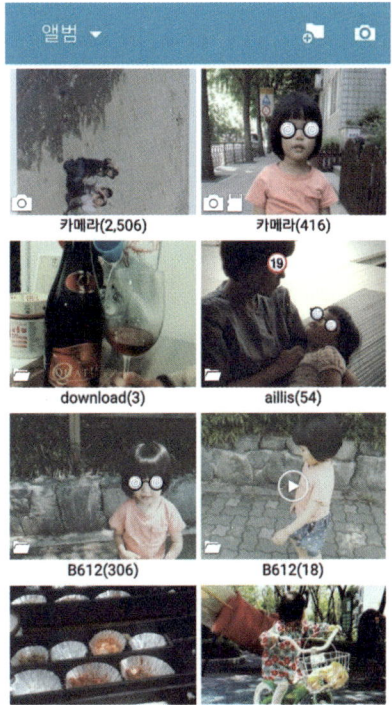

Chapter 06

부부, 영원한 둥지

사는 재미

불타는 연애 기간 동안 얼마나 서로를 아꼈는지는
이미 중요하지 않게 되어 버렸다.

깨가 쏟아진다는 신혼은 기억도 잘 나지 않는다.
엄마가 된 후로 방전도 되지 않는 꼬마들을 키우며 그저 어서 밤이 되어
모두 재우고 맥주 한 캔 따~각 딸 수 있는 시간이 오길 기대할 뿐이다.
그마저도 재우다 나도 모르게 같이 잠드는 날이 대부분이지만.
남편의 퇴근 시간까지 기다리지도 못한 채.

연애 감정으로 평생을 살 수 있을 거라고 생각하진 않았다.
우리가 사랑하는 형태는 바뀔지언정 함께한 세월만큼 더 높은 가치를
가지게 될 것이라는 점은 의심치 않는다.

엄마의 역할로, 아빠의 역할로 바빠 마주치기도 힘든 현실적인 나날들.
두근거리는 설렘은 늦은 밤 귀가하는 남편에 대한 연민으로,
지쳐 쓰러져 있는 아내에 대한 안쓰러움으로, 가끔은 기껏 재운 아이들을

깨웠다는 일로 다투기도 하지만 말이다.

"결혼하니까 좋아?"라는 질문을 이제 더 이상 나에게 하는 사람도 없지만 매일 아침 아빠의 큰 볼일 흐름을 끊으며 큰놈 작은놈 "쉬~ 쉬 마려~. 아빠 일어나!" 막무가내로 방해하는 진풍경을 보면서 큭큭 웃으며 하루를 시작하는 걸 보면 "사는 재미는 있다"라고 답할 수 있겠다.

선비 같던 남자의 이런 모습, 어디서 또 볼 수 있으랴.

눈앞에 있어도
보이지 않는 건
내 눈물 때문일 거야

남편 친절해 씨가 샴푸를 사달랬다.

착한 아내는 새로 사서
이름을 이따만 하게 매직으로 적어 제일 눈에 잘 띄는 곳에 놓았다.
정말 착하다. (스스로 생각)

그리고 다음 날 물어보았다.
샴푸 썼냐고.

그는 대답했다.

 "샴푸? 샀어? 못 봤는데."

 아악, 그게 말이 되냐고!!!
세면대 정중앙 바로 위 제일 핫존
거기에 이름까지 꽉 채워 써놨는데!!

다음은 그 문제의 샴푸 사진이다.

※ 사진을 보고 아래 문항에 답하시오.

친절해라는 글씨가 너무 작았다 ⋯ 1번으로

왜! 짱 크다 ⋯ 2번으로

1. 캬르르르르릉!!!
2. 적극적인 당신! 라즈베리 파이가 잘 어울려요.
   행운의 아이템은 개불색.

지인들의 조언

1. 사진을 붙여 두어라. (어린이집처럼)
2. 다 치우고 저것만 놓아라.
3. 줄에 달아 천장에 매달아 놓아라. (굴비처럼)
4. 출근 가방에 넣어 두어라.

 더 크게 써야 했나, 거울에 써야 했나······.

엄마들의 댓글 수다

↳ 어차피 목에 직접 걸어 주는 거 아니면 못 봤다고 할 거예요.
   남편들이 그렇죠, 뭐.
   글씨 크기의 문제가 아님. 남편인 게 문제임.
↳ 5. 돋보기를 사주어라.
   보기 추가요. ㅋㅋ
   엄청 크게 썼는데 왜 모르시징.

ㄴ ㅋㅋㅋㅋㅋ ㅜㅜ 이러면서 밖에서 돈 벌어오는 거 보면 진~~~짜 신기방기해요. ㅋㅋ 뇌는 회사에 두고 오나 봄.

ㄴ 우리 신랑만 유독 눈썰미가 없는 줄 알았는데 헐~ 저만의 착각이었군요!!!! 대박!!! 대공감!!! 빵 터짐. ㅠㅠㅠㅠ

ㄴ 아…… 우리 집 사는 남자만 그런 게 아니었군요……. -.-;;

ㄴ 남자들은 정말 왜 그런 걸까요? ㅠㅠ
만날 신는 자기 양말도 구분 못 해서 가끔 제 양말을 신질 않나. ㅜㅜ
앞에 두고도 못 찾고. 정말 미쵸. ㅜ

ㄴ 거울에 빨간색 화살표로 이정표를…….
샴푸에게 가는 길.^^

ㄴ 저희 집 남자 1호, 2호가 문제가 있어 그런 건 아니었군요.
진심 걱정했는데…….
특히 다섯 살 아들 "어디 어디~~~? 없는데. 엄마 못 찾겠어."
코앞에 물티슈 못 찾아 빙빙 돌 때마다 '저것이 설마 날 놀리는 건 아니겠지' 혼자 빡쳤거든요. ㅎㅎ

ㄴ 저는 샴푸 말고 다 치워 놨음. ㅋㅋ 만날 샴푸 찾아서.
샴푸만 놔두는데도 간간히 물어봅니다. 샴푸 어딨냐고;;

ㄴ 우리 집 남자도 그래요.
이거 어딨어?
그거 어딨어?
여자 몸매 볼 때만 정확한 눈썰미. ㅡㅅㅡ

ㄴ 원래 남자는 보고 싶은 거만 보고 듣고 싶은 거만 듣잖아요.
초짜처럼 왜 이러실까. ㅎㅎ

ㄴ 맞아요. 그러니 애랑 동급일 수밖에;;;

어느 부부의 주말

모래놀이터에 장난감을 풀어 주고
벤치에 앉아(숨어) 녀석들을 바라보며
폰을 누가 먼저 꺼내나 눈치를 보는
<mark>그것이 바로 부★부.</mark>

애들이 부를 때
먼저 일어나는 사람이 지는 거야.
은연중에 우리는 알고 있다.
움찔. 움찔.
하지만 버티기.

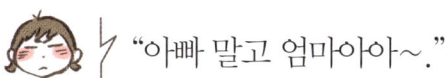
"아빠 말고 엄마아아~."

그러는 거 아니야.
아빠를 더 사랑해야지.

데이트

데이트라 함은 커플 각각이 장소와 시간을 정해서 만나
함께하는 것을 말하는 것으로, 각자의 집 앞에서
아쉬워하며 마무리되는 경우가 대부분이다.
오늘 뭘 입을까, 어떤 헤어스타일이 예뻐 보일까, 무엇을 먹을까, 뭘 할까.
수많은 고민들이 연결되다가도 만나서는 그저 "이 순간 너를 갖겠어"
하며 차오르는 밀물! 그 밀물의 농도는 커플마다 다를지언정 결국
부비부비해 대는 건 다 똑같단 말이지. (단정)

이 데이트의 농도는 함께 살게 되면서 더 진해지는데, 보통은 동거와 결혼
두 가지를 거치며 희석되기 시작한다. 같이 사는 사람을 낮에 만나거나
주말에 만나는 약속을 하는 건 뭔가 어색해지는 순간이 도래하고 특별한
목적(외식, 문화생활, 행사)을 수반한 경우가 일반적이다.
무슨 말이냐면, 예전엔
"오빠 내일 만날 꼬야?"
"응. 우리 아기, 내일 점심에 만나자~"
했더라면 이후에는
"이번 주말에 누구 결혼식 있어."
"오랜만에 외식할까?"
"봄옷 좀 사야겠는데 같이 나갈까?"

같은 특정한 이유들에 의해 움직이게 된다는 거다. '어차피 저녁에 만나 밤에 같은 집에서 자는데 뭘 또 봐'라는 인정하고 싶지 않은 일상. 아이가 생긴 부부라면 한층 더 이 일상의 이유들이 디테일해지며 힘이 실리는데, 하긴 이쯤부터는 '너와 나'라기보다는 '우리'라는 표현이 어울리기 때문이다.
어린아이를 두고 밖에서 따로 만나는 부모 어디 많겠어. (예외는 빼고) 아주 간만에 부모님이 손주를 봐주신다고 데이트라도 해라 하시면 떨려 온다. 아, 우리 둘이 뭘 할지 모르겠다! 시간을 줘도 모르겠다! 찜방이나 가서 자고 싶다!

그래서 저는 이번 주중에 남편 회사 앞에 가서 반차 내고 데이트하자고 할까 하다가 포기했다는 이야기를 장황하게 한번 써보았습니다.

그냥
물어보는 질문

> **Q.** 남편이랑 어쩌다가 단둘이만 길을 걷게 되었다.
> 아이 낳고 정말 정말 오랜만이다. 서로 표현은 하지 않지만
> 분명 어색함이 감돈다.

※ 이럴 때 당신의 선택은?

1. 뛴다.
2. 나란히 걷다가 뛴다.
3. 손을 잡아 볼까 하다가 뛴다.
4. 커피가 먹고 싶다며 뛴다.
5. 먼저 뛰고 카톡으로 위치를 알린다.
6. 뒤에서 무릎을 굽혀 다리를 꺾는다.
7. 백덤블링을 하며 레깅스 안을 슬쩍 보여 준다.
8. 전반적인 국제 정세와 내수 경제 활성화를 위한 방안에 대해 심도 있는 대화를 하며 키스를 한다.
9. 괜히 농담하다 더 조용해진다.
10. 같이 카페에 갔다가 더 조용해진다.

응???????

#엄마들의 댓글 수다

- 10번;;;
- 11번. 말없이 걷기만 한다고 싸운다.
- 12번. 니가 먼저 말 안하냐고 싸운다.
- 13번. 얘기하다가 싸운다.
- 14번. 멱살 잡고 싸…….
- 11. 애를 데리고 나올 걸, 후회한다.
- 아이고, 의미 없다. zz
- 얼마 전 둘이 길 가다가 살짝 어색해지니 남편이 갑자기 헤드락 했어요. -.-;;;;;
- 폰을 꺼낸다. --저흰 서로 폰 보면서 카톡으로 대화합니다. -.-;;
- 말 없이 전율블 보며 걷고 있는데 어느 순간 보니 남편이 먼저 뛰고 없다. 뎅장. 내가 먼저 뛸라 했는데…….
- 어느 해 결혼기념일 둘이서 여행 간 적이 있는데, 바람 피고 온 기분이었어요.--;
- ㅋㅋ 슬며시~ 손 한번, 팔짱 한번 해봤다 어색해서 뛰어요, 냅다 집으로.

 아~ 연애는 어떻게 했었지?? 기억도 안 나. 에잇!

앞좌석

남편과 연애할 때만 해도 우리에겐 차가 없었다.
데이트는 버스나 지하철을 이용했으니 이런 기분 몰랐더랬다.
무슨 이야기냐 하면 작년 가을쯤부터 두 녀석을 뒷자리 카시트에 꽁꽁 묶어 놓고 내가 앞에 앉을 수 있게 되었다는 말이다.
이게 무어 대단한 일이냐 할 수도 있겠지만 엄청난 일이다!!
지구 대륙의 이동만큼이나 대단한 이동이라는 것이야.

첫아이를 낳고 나서야 어쩔 수 없이 차를 샀고,
자연스레 뒷자석 신생아 카시트 옆 붙박이가 되었다.
누가? 내가!
아아, 울면 달래, 배고프면 먹여, 싸면 차 세우고 닦아.
창문을 열었다 닫았다, 커튼을 쳤다 걷었다 하며 시간이 지나면 좀 여유가 생길 줄 알았다. 그러고 나니 ㅠㅠ 둘째가 태어나 카시트 가운데 자리의 낑김녀가 되었다.

이게 뭐야!!!

좌우로 먹여 입혀, 울면 과자 까까, 물 흘림 아악 멘붕, 멘붕.
"가지마! 외출 때려쳐!" 싶던 1년 반이 지나고,
큰마음 먹고 이제 뒷자리는 될 대로 되라지 하며 앞으로 갔으니.
이 얼마나 서프라이즈, 아임 파인 한 일인가!

남편이 운전하는 차 앞좌석에 처음 앉아 본 여자가 바로 접니다.
어머, 이 차에 앞좌석이 있었나 싶을 정도였달까.
"앉지도 못하는 앞좌석 뽑아 버려. 버려, 거기에 애들 짐이나 놓게!"라고
외쳤던 기억도 떠올랐다.
아니, 그런데 앞좌석 앉은 첫날. 뭐죠, 이 기분은.
되게 어색하고 남편이랑 할 말이 없어!

연애할 때 차라도 있었음 그때 했던 거 생각이라도 해볼 텐데.
이건 시뮬레이션도 안 되고, 창문을 열었다 닫았다,
괜히 밖이나 쳐다보고 H카드 광고마냥 손 내밀었다가 아차 싶어 집어넣고
껌 씹을까 뭐할까 고민을 하고 있었다.

아, 진정해. 남편이야. 원빈, 소지섭 아니야. 떨 거 없어.
그냥 가만히 갈 길 가면 돼.

그런 고민은 잠시 뒤로 미루고…….
뒷자석 가운데 끼여 앉아 하던 일을 앞좌석에서 뒤돌아 해야만 했으니,
결국 허리와 어깻죽지에 담이 오고야 맙니다.

왜 자동차 조수석은 회전이 안 되나요?
흑, 그냥 물어보는 거예요. 그냥, 그냥요.

| 꿀 | 꺽 | 삼 | 킨 | 말 |

아이들 다 잠든 후 자정이나 되어야
허연 입김 내뿜으며 들어오는 너에게
커다란 외투를 입은 건지 업은 건지
빨갛게 언 귀를 하고 들어오는 너에게
나는 무슨 말을 할 수 있을까.

서로 힘들다는 말은 입안에서 꿀꺽 삼키고
그냥 그냥한 하루 이야기를 단편적으로 나누는 밤.

그래도 오늘은 몇 마디라도
나눌 수 있어 다행이다.

너의 잠꼬대

너와 나로 시작해
아들도 딸도 함께하게 되었으니
우리만 생각하면 되던 그때랑
삶의 무게가 어찌 같을까.

네가 한숨만 쉬어도 마음이 철렁한데
또 철렁해서 미안하고
뭐 그걸로 철렁해야 하나
내 자신이 답답해지고 그렇다.

하는 일을 즐기기만 하라고
너 혼자 다 짊어지고
우리는 얹혀 가는 게 아니라
함께 가는 거라고 말해 주고 싶지만
그 말마저도 입안에서 맴돌아
또 한 번 움츠러든다.

별로 길지도 않은 밤 잠이 확 깨버렸다.

오늘 애들이 힘들게 했어?

오늘 애들이 힘들게 했어?

질문에 대답을 하기 힘들다.
말을 시작하면 우왁 하고 터져 나올 것 같아 입을 여는 대신
문을 닫고 나와 모두 잠자고 있을 동네를 지났다.

테이블마다 술기운에 이야기가 얽히는 역 근처 호프집 사이를
전혀 어울리지 않는 모습으로 걷다 보니
예전에 저 속에 내가 있었던가 싶다.
이젠 어색하고 불편해진 그런 냄새들을 뒤로하고
다시 턴을 해 아파트 숲으로 들어왔다.
아이들과 자주 가는 동네 편의점에 들러 핫초코 하나를 사서 나와
운행이 마감된 버스 정류장 벤치에 앉아 홀짝이다 집에 들어와
나만 쏙 빠져 있었던 잠자리에 누우니 저쪽에 누워 있던 아이가
데굴데굴 굴러와 내 팔에 볼을 대고 다시 잠든다.

이제 그만 자야지.

그래도 너는 내 강아지

새벽부터
렉 걸림

아침 6시.
〈그레이의 50가지 그림자〉로
상쾌한 아침을 열고 있는
서엔즈 님(35세, 여).

딸이 이불에 쉬 해서 6시에 같이 일어나 더욱 상쾌함을 주었다는 사실이 알려져 훈훈한 괴담이 되고 있다.

아침이 너무 길어 빨리 어린이집에 보내고픈 엄마는
대~추옹 먹여 등원길에 나섰지만

놀이터에서 렉 걸림.

ㄷㄷㄷㄷㄷㄷㄷㄷㄷㄷ

| 오 | 빠 |

떠올리면 미안하고 아픈 기억이 있다.
내가 세상에 내어 놓은 첫아이는 늘 그렇다.
배가 불러올수록 해줄 수 있는 것은 한계가 있고, 동생이 올 거라는 걸 직감으로 느끼는 아이는 더욱 엄마를 찾아 칭얼대던 시간.

둘째를 낳고 나니 더 정신없이 흘러가서 준이는
이제 자기는 아기가 아니라고 스스로 말하는 나이가 되었다.
"오빠가 해줄게."
"오빠 거야."
"오빠 깨물면 안 돼!"
"오빠야~ 솔이도 나눠 주자."
지금 솔이 개월 수보다 더 어렸으면서 오빠라는 호칭을 들어야 했던 너.
내 것을 나눠 줘야 했던 서러움, 갑자기 나타난 동생이 깨물었던 아픔,
엄마가 사준 내 장난감을 지켜야 한다는 압박감,
그러면서도 나는 오빠라는 으쓱함,
여러 가지 감정들이 담긴 '오빠'라는 말.

지금도 잊히지 않는다.
눈도 못 뜨는 핏덩이를 낳고 낮을 밤으로, 밤을 낮으로
내가 뭐가 된 건지도 모르게 보내다가 어느 날 나를 보고 "음마. 음마"
했을 때 나는 꽃처럼 정말 엄마가 되었던 기억을.
비로소 엄마가 된 그 느낌을.
그래서 더 미안하다.

나는 너를 너무 빨리 오빠라고 부르지 않았나.
좀 더 천천히, 오래 "우리 아기, 우리 아기 준아" 하고
불러 줬으면 좋았을 텐데.
"우리 아기 준아~" 하고.

| 아 | 니 | 거 | 든 | 요 |

이제 절대 전혀 네버 아기가 아닌
훌쩍 커버린 나의 아들 준.

어질러진 놀잇감은 치우래도 안 치우면서
"엄마, 뭐 도와줄 거 없어요?" 하고 주위를 맴도는 요 녀석.
"네가 뿌려 둔 블록이나 주워"라고 시큰둥하니 대답하면
섭섭하다는 얼굴로 바라보는 내 사랑하는 꼬맹이.
"오빠 불 켜줘"라는 말에 당연하다는 듯 높은 곳에 있는 스위치를
탁 켜주는 솔이 오빠.

자려고 누웠다가 벌떡 일어나 '누우랬지!!!'라는
엄마의 샤우팅을 뒤로하고 거실로 나가 코야 인형을 들고 들어와
"오빠가 가져왔다"고 으쓱하며 동생에게 던져 주는 큰아이.

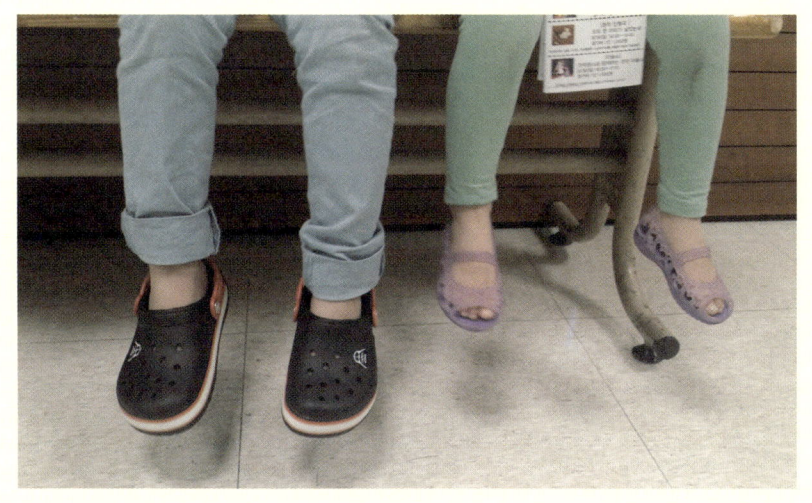

용감해—
씩씩해—
든든해—
다 컸네.

180, 190 신발을 신어도,

됐거든요.
그래 봤자 너는 내 강아지.

| 민 | 들 | 레 | 홀 | 씨 |

양쪽에 손을 잡고 늘 걷는 길인데도 봄여름가을겨울이 올 때마다
처음 보는 곳처럼 새로워하는 아이들.

볕이 따뜻해진다 싶으면
민들레 홀씨 하얗게 피어나는 계절이 오고
너희는 풀밭에서 보물이라도 찾은 것마냥 신이 나
어쩔 줄을 몰라 한다.
"엄마. 저기 민들레. 후~ 있어요, 저기도 있어~."
어쩜 그리도 잘 찾는지 엄마 눈에는 잘 띄지도 않는 홀씨들을 찾아
볼 빵빵 바람 넣고 후~~~ 하고 날리면 웃음이 난다.
작년 이맘때 둘째는 세게 불지도 못해 답답해했던 모습이 선한데
어느새 커서 스스로 민들레 홀씨를 찾아내 오빠 것까지 가져온다.

"솔아, 거기 있어. 여긴 위험하니까 오빠가 따 올게."
"응, 오빠. 난 큰 거 큰 거."

난 그저 매일을 버텨내듯 살았는데, 아이들에게는 그날들이
즐겁게 차곡차곡 쌓이고 있었나 보다.
그거면 충분히 의미 있는 시간들이겠지.

벌써 저만큼 먼저 산책길을 걸어가며 봄을 만끽하는 아이들.
그 뒤로 민들레 홀씨처럼 내 품에서 사라져 버릴까 봐 아쉬워
크게 후 불지 못하는 엄마가 따라가고 있다.

딸의 코디는 어렵다

줄곧 3년을 아들 엄마로 살아오다

딸을 키우려니

'바지에 티를 입히고 올려서 쪼매면 끝~!' 이던

남아 스타일을 뒤로하고 좀 꾸며 줘야 할 것만 같은 느낌에

애를 쓰고 있는데……

여자애들 옷은 뭐 이리 종류가 많은지.

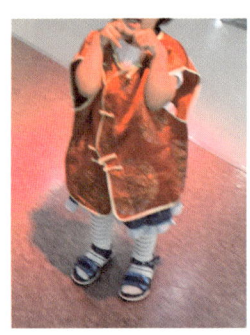  

대륙의 공단 스타일　　　세일러 스타일　　　원피스에 청남방
　　　　　　　　　　　　　　　　　　　　　그리고 물놀이룩

다음 사진은 좀 더 예전에 입히던 딸의 옷이다. -_-;;;;;

좀 심하다.

그래도 애썼다 해줘요.

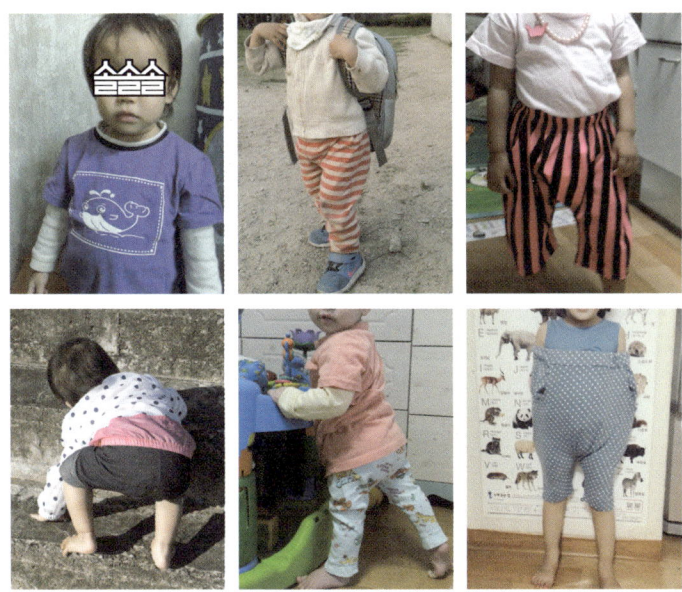

그리고 겨우내 버티게 해준 우주복 님.

아마 난 쇼핑몰은 하면 안 될 거당.

느낌 알죠?

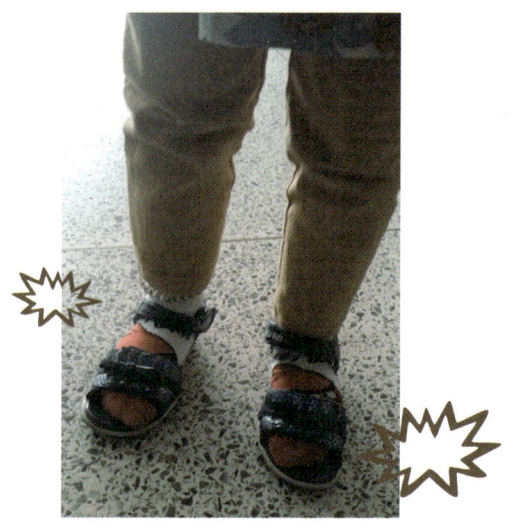

용납할 수 없는 샌들에 양말!
양말은 앵그리!
게다가 좌우 바꿔 신음으로 종지부!

하지만 건들면 안 돼요.
느낌 아니까~☆

5세 남아 충격,
그리고 번뇌

요새 준이는 자려고 누워서 많은 질문을 쏟아 내는데
어제오늘은 출산과 결혼에 대한 이야기였다.

 "엄마 배 속에서 난 어떻게 하고 있었어?"

부터 이야기는 시작.
"엄마 배 속엔 물이 가득 차 있었고 준이는 그 안에서
둥둥 떠다니며 수영을 했어.
그래서 태어났을 때 너는 쪼글쪼글했지.
왜 목욕 오래하면 손가락 쪼글쪼글하지? 그렇게 온몸이 그랬어.
그러다가 하룻밤 또 하룻밤 자고 나니 예쁘게 펴져서 하얗고 부드러운
아기가 되었지."

"아~ 나도 아기 낳고 싶다~~~.
엄마 아기 낳으려고 배를 찢었어?"
(이전에 제왕절개한 이야기를 살짝 해준 터)

"응, 조금. 그리고 의사 선생님이 쑥 꺼내 줬어."

"(두려움에 떨며) 나는 수술 안 할래. 아기 안 낳을래."

"어차피 남자는 아기 못 낳아."

"왜?"

"여자 몸속엔 아기집이라는 게 있어서 아기가 거기서 크는 거야.
그리고 쏙 나오는 거지.
준이는 남자라 배 속에 아기집이 없어서 낳을 수가 없어."

"여자만 있어?"

"응. 그러니까 남자가 여자를 많이 도와주고 위험할 때 보호해 주고
아빠처럼 그래야 하는 거야."

"응, 그렇구나. 근데……."

(침묵. 잠시 생각)

"솔이는 여자니까 아기집이 있어?
ㅇㅇ이는? (어린이집 친구들 이름 나열)
그럼, 나는 어떡해. 나는 못 낳잖아."

"준이는 사랑하는 사람이랑 결혼해서
그 사람이 낳으면 되니까 아빠가 될 수 있지."

"그럼, 나 결혼 빨리 하고 싶어.
전에 바다에 놀러갔을 때 그 옆에 결혼식장에서 결혼했는데 왜 아기 없어?"

(이건 또 뭔 소리냐.
그건 네 결혼식이 아니라 아빠 회사 동료 결혼식이었잖아!!!)
"그건 아빠 친구 결혼식이야."

"아, 맞다. 내 결혼식 아니지.
그 아저씨랑 아줌마랑 밥 먹고(밥 먹은 거만 기억) 결혼했으니까
아기 태어나겠다. 좋겠다.
나도 결혼할래. 빨리 하고 싶어."

"그럼 엄마랑 따로 살아야 하는데?
준이 아빠가 되고 아기랑 준이 사랑하는 사람이랑 같이 살아야지."

(그리고 아들, 폭풍 오열)

"엉엉엉엉엉엉엉 엄마랑 살고 싶어.
나는 엄마랑 살 거야. 솔이랑 아빠랑 엄마랑.
엉엉엉. 왜 나 따로 살라고 해. 같이 살면 좋겠어."

"그래, 그래."
아, 행복하다♥♥
솔이도 깨서 울고 너도 울고 나도 울고 하늘도 울고.

꽃밭 가꾸기

준이네 어린이집 뒤에는
식목일에 아이들이 심은 화단이 있다.
하원길에 들러 물을 주고 가는 것이
아이들의 즐거움 중 하나.

다양한 종류의 꽃들이 심겨 있어
솔이도 매우 좋아한다.
준이도 신나 하고
친구들 꽃이 시들지 않게 관리한다.
물 뿌리는 게 재밌는 거겠지.
어쨌든 참 예쁜 곳이다.

준이는 그 꽃밭에
상추를 심었다.
수확 덕후.
-_-;;;

6세 남아의
쇼핑 리스트

어린이집 바자회 날.

6세 남아의 쇼핑 리스트.

2000원으로 뭘 사올까 궁금했는데

엄마 선물로는……

 "엄마가 좋아하는 오이 사왔어!"

오이를 사왔다.
ㅠㅠㅠㅠㅠㅠㅠㅠ

다이어트하느라 한 달 동안
오이랑 토마토를 먹었더니…….

 좋아서 먹은 게 아니야. 엉엉.

엄	마	처	럼

'엄마처럼'이 다 너에겐 놀이라고 해도
엄마는 그 모습에 내 모습이 겹쳐 보여.
너는 더 잘 살고 더 행복하고
더 멋지게 살았으면 해.

딸아, 훨훨 날아.

엄마 손 잡고

오늘은 파란 토끼와 함께 등원☆
엄마 손 잡고 걷는 길이 너에겐 길까, 짧을까?

큰아이 키우는 날들이 길다 고되다 하다가
순식간에 커버려 옛 사진 들춰 보는 엄마는

이 길도 순식간에 지나갈 것을 알면서
빨리 걸으라고 재촉합니다.

엄
마
거
내
거

집에만 있으니 답답해하는 솔이를 데리고 나왔다.
무작정 버스를 타고 근처 마트 정류장에 내렸지만 따뜻한
햇살이 아까워 옆 공원으로 움직였다.

30개월. 네 살이 된 딸은 혼자 애써 좌우 바꿔 신은
신발로 종종종 뛰었다.
분홍색 큼직한 점퍼.
볕은 쨍 해도 빨개진 코가 시렸지만 팔랑팔랑 이리저리
잘도 날아다닌다.

"엄마 그림자 커. 내 그림자 작아~."
"어흥. 엄마 그림자가 솔이 그림자 잡았다!"

작은 너의 그림자쯤 엄마 그림자로 쉽게도 덮여지지.
그러면 너는 또 까르르르 웃으며

"여기 있지. 쇼이 그림자~."
그렇게 한참 공원을 돌며 솔방울을 줍고, "엄마 거. 내 거."
나뭇가지를 줍고, "엄마 거. 내 거."

⋮

"엄마 거. 내 거."

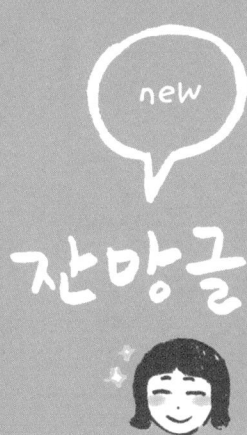

손톱 먹은 쥐
1화 * 한밤중에 손톱을 깎으면

2화 * 쥐며느리의 탄생

놀이터 썸

예고편

여느 때와 다름없는 남편 없는 주말. 새벽같이 일어나 함께 놀아 달라는 아이들의 성화에 아침밥도 먹는 둥 먹이는 둥, 뿌리는 둥 던지는 둥 마는 둥 하고 놀이터로 향했다. 집 근처엔 놀이터가 세 군데 있는데, 늘 가는 가까운 놀이터가 아닌 가장 먼 놀이터로 향한 것이 이 썸의 시작이었다.

1화 * 몇 살이에요

그 놀이터는 집에서 꽤 멀리 떨어져 있었지만 근방에선 보기 드물게 나무로 둘러싸여 있었다. 공원 안에 있는 놀이터여서 오래된 나무가 많아 멀리서 보면 숲으로도 보였다. 날이 좋을 땐 일부러 찾는 곳이었다. 아이들은 오랜만에 놀이터에 간다고 들떠 있었다. 나는 근처 편의점에 들러 '2+1' 하는 주스, 맥스봉 2개와 돌아올 때 입막음할 과자를 샀다. 그날은 날씨가 참 좋았다. 전날 비가 와서인지 바닥이 조금 젖어 있었지만 활동하기엔 문제가 없어 보였고, 나뭇잎 사이로 싱그러운 기운이

솟아나는, 그런 날이었다.

그는 거기에 있었다.

사실 난 그를 동네에서 몇 번 본 적이 있었다. 우리 집 아이와 비슷한 또래 남자아이를 데리고 방황하던 그였다. 동네 무성한 강아지풀처럼 그냥 그런 애 아빠였고, 늘 무심히 스쳐 지나갔던 남자였다. 부끄러울 것도 그렇다고 반가울 것도 없는 강아지풀 같던 이 남자가 외쳤다.

"아, 안 돼~. 미끄럼틀에 물이 있어요!!"

우리 둘째가 타고 내려오려던 미끄럼틀에 물이 있다며 나에게 알려 준 것이다.

"아~ 네. 어제 비가 오더니 안 말랐나 보네요. 다 마른 줄 알았는데……."

나는 가방에서 티슈를 꺼내며 '내가 왜 주절거리지? 그냥 "아~ 네." 하면 될 걸. 하아~ 나도 아줌마 다 됐네. 아니, 이미 아줌마구나……' 라고 생각했다. 그때 그가 물었다.

"몇 살이에요?"

"서른셋이오."

내가 미쳤구나!!!!!!!!!!!!!!!!! 내 나이를 물어볼 리가 없는데, 늘 엄마들이 물었던 대사인 '몇 개월이에요?', '몇 살이에요?'란 질문이었을 텐데, 남자에게 이런 질문을 받은 게 처음이라 그랬나!!!! 나는 귓불, 머리끝, 발끝까지 빨개졌다. 남자는 그런 나를 보며 "아니~ 아이가 몇 살이냐고요?"라고는 묻지 않았다. 내가 황급히 아이들을 보는 척 분주히 움직일 때 그가 나지막이 말했다.

"서른셋으로 안 보이는데요."(웃음)

그때부터였다. 그는 더 이상 내게 강아지풀이 아니었다.
동네 흔한 강아지풀이 아닌 한 남자였다.
이런 내 감정에 부연 설명을 하자면 남자로 보일 뿐 다른 감정은 아니라고
덧붙여 본다.

2화 * 청바지

한 주가 흘렀다.
강아지풀이 내 귀를 간질였던 그날은 그냥 그렇게 반짝 싱그러웠다가
똑같은 일상에 별일 아닌 듯 묻혀 가고 있었다.
등원 준비에 분주한 아침.
유니폼처럼 돌려 입는 알 수 없는 패턴의 냉장고바지를 꺼내 입다가
두 번째 서랍 한편에 얌전히 누워 있는 청바지에 눈이 갔다.

언제부터 저기에 있었을까?
딱 네 번 접어 다시는 펴지지 않을 것처럼 각 잡혀 묵혀 가고 있는 청바지. 그렇다고 선뜻 치워 버리기엔 아쉬운 마음에 열었던 서랍을 한숨 한 번 쉬고 닫았다. 시원한 냉장고바지의 감촉이 다리에 감긴다.
쓸데없는 생각을 하는 동안 아이들은 복도에 먼저 나가 돌아다니고 있었다. 나는 급히 짐을 챙기고 모자를 눌러쓴 채로 아침 등원 대열에 합류했다.
횡단보도를 건너는 길.
"엄마, 저기 전에 같이 놀았던 친구네."
아이가 뒤를 가리키며 나에게 말했다. 아무 생각 없이 "누구?" 하며 뒤를 슬쩍 돌아보았다. 그다. 그가 내 뒤에 따라오고 있었다.

"엄마 빨리 간다! 늦었어!"
순간 나는 아들에게 소리치고 유모차를 빛의 속도로 밀기 시작했다. 주니어 라이더가 덜컹거리며 비명을 지른다.
아이는 눈이 동그래져 나를 쳐다본다.
"뒤돌지 말고 꽉 잡아!"
아아⋯⋯. 바지야~ 바지야. 시원한 냉장고바지야.
이 해골해골 별별 가득 찬 냉장고바지야. 이 정도 비비고 달렸으면 부싯돌처럼 훨훨 불타올라 재가 되어 날아갈 때가 되지 않았니.
나도 따라 날아가게⋯⋯.
청바지를 꺼내 입을 때가 왔다.

나는 온몸으로 그것을 느꼈다.
두 번째 서랍. 오픈.

3화 * 묵히면 묵은지 됨 묵은지는 먹을 수나 있지

나는 청바지다.
이 두 번째 서랍에서 산 지 5년째다. 그간 내 위에 쌓였던 옷들이
하나같이 재활용통에 들어갔지만 나는 오롯이 살아남아 이곳의
터줏대감이 되었다.
나는 한때 잘나가던 ck진으로, 아래쪽이 살짝 퍼질랑 말랑한 나름 멀리서
보면 일자 핏인 그런 청바지다. 결국 스키니라는 젊은 것들에게 밀려
이 신세인가 생각하면 조금 서글퍼지기도 한다.

우리 주인은 가을과 겨울엔 언제나 레깅스다. 재작년까진 봄과 여름에도
칠부 레깅스만 입어 댔지만, 작년부턴 냉장고바지라는 어마어마한 소재의
배기바지의 등장으로 나는 더 이상 빛을 볼 수 없게 되었다.
그녀의 행복이 절정에 달했던 그때, 신혼여행.
그때 나는 그녀와 어우러져 멋진 핏을 자랑했었다.
니 골반 내 골반, 니 치골 내 치골하며……
다 지난 일이다.
두 번째 출산을 한 그녀의 엉덩이는 이미 내 몸뚱이 지름보다 한두 뼘은

더 커져 있었다. 그녀도 그걸 아는 터라 늘 서랍을 열어 옆에 있는 해골해골 별별 땡땡이 바지를 꺼내다가 나를 한 번 쓱 쳐다보곤 한숨을 내쉬며 문을 닫는 게지…….

마음이 아프다. 한참 물올랐을 때 그녀는 자신감이 넘쳐흘렀고 모두가 부러워했는데 말이다.

나 또한 그녀가 나 같이 통 넓은 일자바지를 입어 주길 바라진 않는다. 시대는 나를 버렸다. 만약 그녀가 나를 입고 거리에 나간다면, 아~ 상상도 하기 싫다.

하지만 그럼에도 불구하고 그녀는 분명 나를 입었다는 것만으로 날씬해졌다는 자신감이 생길 것이다. 날 입었으니 나와 어울리는 신발을 꺼내 신을 것이며, 조금 무리해서 윗옷까지 맞춰 입고 오랜만에 약속 장소로 나갈 것이다. 하지만 전철을 타고 약속 장소로 이동하면서 점점 느끼게 될 것이다.

'이 옷은 아니구나. 내가 오늘 오버했구나'라고 말이다.

살 빼서 입을 거라며 모셔 두지 말자.

살 빼면 새로 사서 입도록 하자.

둥근 칼라, 콩 단추, soup 재킷, GV2 청멜빵 치마야~

우린 이제 떠날 때가 되었다.

또, 결정적으로 한 달 전인가 두 달 전인가에 둘째 녀석이 내 몸에 마이쮸를 발라 뒀다. 그녀는 그 사실을 모르고 있다. 슬프다.

4화 * 외롭게 하지 마

나는 놀이터야.
지난 주였나? 어느 엄마가 애 둘을 데리고 왔었어. 이상한 여자였어.
어디가 이상하냐고? 정말 이상했어. 난 그런 사람은 처음 봐.
아이들 말고 엄마 말이야.
아! 잠깐만 잠깐만, 조용히 해봐! 쉿! 저어기 그 엄마 또 오고 있어.

"속닥속닥."
"속닥속닥."

저기 봐봐~. 땅에 쭈그리고 앉아서 뭐라고 혼자 계속 말하잖아. 아, 뭐지?
왜 갑자기 또 부끄러워하고 저러지? 역시! 내가 전에 잘못 본 게 아니었어.
그때 글쎄 강아지풀에게 "저, 서른셋이에요"라고 말을 하더라니까.
그러고는 엄청 민망해하다가 헤헷헤헷 웃으면서 집에 가더라고…….

방금 봤어?
강아지풀에게 전번을 따고 있어!!! 어쩌면 좋니~! ㅜㅜ
자기 전번도 찍어 주는 척하고 있어……. 저 애들 불쌍해서 어떡해. ㅜㅜ
애들이 엄마 데리고 집으로 가네.
강아지풀 한 다발 가득 뜯어서 가슴에 꼭 안고…….

아니야, 놀이터야.
미친 게 아니야.
외로워서 그래…….
　외로워서…….

카페 모리즈

프롤로그

1화 * 몰랐어요

나는 바에서 깔때기를 정리하며 그녀를 관찰하기 시작했다.
관찰당하는 사람은 불쾌할 수도 있지만 뭔가 묘한 기류가 내 호기심을
불러일으키기에 충분했고, 오픈 전부터 막무가내로 들이닥친 손님이므로
나로서도 불편을 감수한 셈이니 상대도 그 정도는 감수하는 게
당연하지 않을까.
게다가 처음 온 게 분명한데 '늘 주던 걸' 달라니…… 수상해, 정말.

그녀의 외모는 이랬다. 까만 생머리이지만 부스스 힘이 없는 머리카락,
약간 부어 있는 얼굴, 넉넉한 면 원피스를 입어 몸매를 짐작하기도 힘들다.
'원피스 가슴팍에 긴 지퍼가 달린 걸로 보아 수유복이군.'
지퍼는 급히 닫았는지 아래 옷감이 살짝 집혀 있고, 오른쪽 잠금 부분이
몰려 있는 걸로 보아 마지막 수유는 오른쪽 가슴으로 했을 것이 분명하다.
긴 레깅스. 그리고 임산부 간지 내뿜는 수면 양말.
여기까지 관찰했는데 갑자기 그녀가 흐느끼기 시작했다.
스펙트라 유축기는 전원도 켜지 않고 깔때기는 테이블 위에 올린 채로
한참을 서글프게 울었다. 울음이 조금 사그라지자 다가가 물었다.
"손님, 어디가 불편한가요?"
내 말을 기다렸다는 듯 그녀는 긴 이야기를 털어놓기 시작했다.
'어디가 불편하냐고 물었는데 이야기를 시작하다니.
나는 장사해야 하는데…….'

하여튼 그녀의 이야기는 이랬다.

"저는 남편과 캠퍼스 커플로 만났어요. 저는 신입생이었고 남편은 같은 과 복학생이었죠. 흔하디 흔한 CC였고, 졸업 후 한두 번의 위기는 있었지만 5년을 그렇게 만나고 결혼했어요.

남편은 저를 '우리 애기'라고 불렀어요.

'우리 애기 밥 먹었어?', '우리 애기 오늘 오빠가 치킨 사갈까?'

남부럽지 않은 신혼이었어요. 그리고 임신을 하고 기다리던 아기가 태어났어요. 신생아실에서 아기를 본 그는 말했어요.

'우리 애기 너무 이쁘지!!'

그리고 전 더 이상 그의 애기가 될 수 없었어요. 거기까진 그래도 괜찮았어요. 예견된 일이었으니까요.

저는 그에게 유축하는 모습을 보이고 싶지 않았어요. 그런데 그는 저의 찌찌에 이 깔때기를 끼워 쮜유우~ 쮜유우~ 하는 모습을 보며 이야기했어요.

'와~ 나온다! 나온다! 와~ 젖 나온다.'

나도 알아, 이 XX넘아. 젖을 쥐어짜니 젖이 나오는 거지.

내가 그때 충격 반, 놀라움 반, 서글픔 반이라는 걸 남편은 몰랐나 봐요. 불R에 유축기를 대고 쥐어짜서 우유가 나와 봐야 제 기분을 알까요. 그럴 땐 못 본 척 뒤돌아서 나가 꽃이라도 한 다발 사다 주면 얼마나 힘이 되겠어요……. 남자들은 원래 이렇게 눈치가 없나요?"

"하하. 남자와 여자는 영원한 평행선이죠. 어쩌겠습니까. 다 알았으면 결혼했을까요? 몰랐으니 한 거지요. 하하하."

그녀는 씁쓸한 기운을 뒤로하고 스펙트라 유축기 전원을 켰다.
그리고 울컥 서러운 기분이라도 쥐어짜 버릴 것처럼 유축을 시작했다.
짜져라 내 젖아~.
짜져라 내 기분아~.
짜져라 말끔히 비워져라~.
내일은 내일의 젖이 채워지겠지~.

2화 * 마스터의 비밀

오픈 시간이 되어 손님이 하나둘 찾아오기 시작했다. 오늘도 하루가 길겠구나. 또 어떤 사연의 손님이 오게 될까? 그간 모리즈를 운영하면서 다양한 손님을 만나왔다. 내가 이 카페를 열게 된 이유인 그날이 잠시 떠올랐다. 하지만 곧 고개를 저어 버렸다.
"휴우~"
그때였다. 한 남녀가 카페 문을 열어젖히더니 다급한 목소리로 외쳤다.

"빨리빨리요. 여기 각시밀 더블!!!!"
나는 순간 긴급한 상황임을 감지하고 소독기에서 더블 깔때기를 꺼내 남자에게 내밀었다. 남자는 재빠르게 깔때기를 낚아채더니 여자에게 건네며 다독이듯이 말했다.
"여보, 이제 괜찮아. 여기 마스터가 우릴 도와줄 거야~.

자, 심호흡 한 번 하고……."
둘은 부부처럼 보였다. '여보'라고 했으니 부부겠지. 여자는 수유브라를
거칠게 뜯으며 쌍가슴에 각시밀 더블 깔때기를 내리꽂았다.
그리고 이어지는 쾌속 유축, 촤촤촤촤촤!!!!!
카페를 5년간 운영했지만 이런 쾌속 유축은 처음이었다. 남자에게 물었다.
"왜 이렇게 급하게 오신 건가요? 무슨 일입니까?"

남자는 말했다.
"내 아내는 가슴이 작은 귀요미였어요. 이 귀요미 가슴에 젖몸살이 와서
생사를 오갔습니다. 저는 젖몸살이 뭔지도 몰랐어요. '그저 가슴이
좀 뭉치는구나' 생각했고, 아내에게는 젖을 물리라고만 했습니다.
그러다 아내가 열이 40도까지 오르는 거예요.
'이러다 사람이 죽을 수도 있겠구나' 싶어 무서웠습니다.
다급한 마음에 네이바에 '젖몸살'을 검색했는데 '카페 모리즈 젖몸살에
갑'이라는 연관검색어를 보게 되었습니다.
보자마자 이렇게 아내를 둘러업고 오게 되었습니다.
마스터 님, 부디 제 아내를 살려 주세요. 마스터 님이 숨은 신의 손이라는
것을 알고 있습니다. 지금은 강호를 떠났다고 들었지만 한때
오천오백명의 가슴을 살리셨다고 레몬테라쯔 카페에서 쪽지도 받았습니다.
우리 아내를 살려 주십쇼~. 제발……."
'아아~ 이런! 언젠가 이런 날이 올 줄 알았지만……. 오천오백 명의
가슴이 내 손을 거쳐 열을 내리고 평화로운 말랑 가슴이 되어 수유계의

쾌거를 이룩했던 시절. 이젠 잊을 때가 되었다 생각했는데 또다시…….'
마스터 김 씨는 팔을 걷어붙였다. 손 소독제로 손을 소독한 뒤 그녀의 가슴을 미친 듯한 속도로 마사지하기 시작했다. 유축하던 손님들이 하나가 되어 김 씨를 응원하러 모여들었다.
"마스터 조금만 더!! 조금만 더!!"
"거기! 거기! 거기가 뭉친 것 같아요. 울혈! 울혈을 풀어요!!
악! 차가워~ 모유비가 내린다!!"

"경건히 맞을지어다.
젖과 꿀이 흘러 인류가 지속될지니…….'
모두의 얼굴에 흐뭇한 미소가 번졌다.
사랑은 멀리 있지 않았다.

3화 * 모리즈

오늘 내가 가보기로 결심한 곳은 최근 각종 육아잡지에 핫플레이스로 등장하는 '카페 모리즈'다.
맘앤왕팡 8월호 표지를 장식한 카페 모리즈 마스터 김 씨는 호남형의 30대 중반 남성이었다. 클로즈업 사진이라 몸을 볼 순 없지만 얼굴은 하나하나 뜯어볼 수 있었다.
오뚝한 콧날과 이어지는 검고 짙은 눈썹, 쌍꺼풀은 없지만 깊은

뎁스 값의 눈매, 그 안에서 빛나는 회갈색 눈동자, 눈동자에 그림자를
드리우는 풍성한 속눈썹, 꽉 다문 입술은 지적으로 보이기에 딱 좋을
만큼이었고, 도톰한 아랫입술과 살짝 올라간 입술 끝에선 자신감이
스며 나오고 있었다. 턱? 후후~ 턱은 물방울 다이아의 끝처럼
부드럽게 떨어져서 쇄골로 시선을 연결시켜 주었다.
나는 그를 실제로 만나 보고 싶었다. 울 마스터 김 씨.
"카페 모리즈는 안국역 6번 출구로 올라와 큰 길을 따라 30미터 직진한
다음, 과속방지턱을 주의하세요. 우측 1차선으로 서행하세요.
어린이 보호구역입니다. 30킬로미터로 주행하세요. 메디락터 성형외과는
여러분의 진실한 모습을 찾아 줍니다. 띠링띠링 육십! 육십!"
"아~ 시끄러~. 알았어. 60."
"자동차 전용도로에 들어섰습니다. 전 좌석 안전벨트를 매어 주세요.
목적지 근처에 도착하였습니다."
나는 바로 안으로 들어서지 않고 카페 외관부터 훑어보기로 했다.
카페가 있는 건물은 지하층과 1층으로 구성된 단독건물이었고,
입구는 아치형 등나무로 둘러싸여 있었다. 등나무 꽃이 흐드러지게
피어 있어 '도심 속에 이런 곳이 있구나' 싶을 정도로 사람을
취하게 하는 곳이었다.
등나무 터널을 지나 정원이 연결되는데 정원에는 연못이 수로처럼
건물을 한 바퀴 감싸 안으며 흐르고 있었다.

연못 물은 매우 맑았고 그 위에는 다양한 깔때기가 흘러가고 있었다.

깔때기들은 금으로 된 것도 있고 흔히 볼 수 있는 플라스틱으로 된 것도
있었다. 고전적인 기법으로 금동미륵보살반가사유상이 세공된
실버 깔때기도 있었다.
정신을 차리고 고개를 들자……, '아뿔싸! 이 경건한 곳에 더러운
내 몸뚱이를 세워 두고 있었구나!' 싶었다. 서둘러 신발을 벗고
외투와 가방을 바닥에 내려놓았다. 그리고 호두나무로 만든 윤기 흐르는
나무 벤치 위에 놓인 방문자용 학의스 물티슈로 몸을 닦았다.
은은한 향기가 마음을 설레게 했다.
정원. 금모래빛 잔디가 넓게 깔린 정원.
상의를 흘러내리듯 자연스레 탈의한 여자들은 얼핏 미의 여신처럼
보였고, 여기저기 기대어 유축을 하며 하하호호 깔깔깔깔 싱그러운
웃음소리로 공간을 가득 채우고 있었다.
여기저기 다니며 가슴을 체크하면서 자세를 바로잡아 주는 헬퍼들.
저마다 트레이엔 텀블러가 그랑데 사이즈로 놓여 있었는데 미역국과
도가니탕과 곰국 등이 넘실댔으며 함께 곁들이는 수육과 족발이
다채로워 보이는 이곳.
'천국인가? 나는 천국에 있는가?'
정원에 깔린 자갈길을 따라 두근대는 가슴을 안고 카페 문을 열고
들어섰다.
"앗, 차가!!!"
'히익~ 이게 뭐야~!'
모유비가 내리고 있었다. 눈부시게 뿌려지는 하얀 비. 빗속으로

어렴풋이 보이는 저 앞에는 비명을 지르는 산 제물이…….
'자, 침착해. 냉정해질 필요가 있다. 나는 마스터 김 씨를 보러
여기 온 거야. 단순한 호기심의 충족이라고 해도 좋아. 아무렴 어때.
상관없어.'
카페 모리즈에 들어온 이후 지금까지 나는 너무 흥분 상태라 스스로를
가라앉힐 필요가 있었다. 그도 그럴 것이 여기는 파라다이스
그 자체……. 자, 이제 카페 문을 열고 들어서며 펼쳐진 모습에 대해
최대한 절제하며 이야기해 보겠다.
눈부신 하얀 비. 경건함이 99.9% 함유된 모유비가 넘쳐흘러 뿌려지던
그 순간. 나는 영화 〈가위손〉에서 가위손이 얼음을 조각하던 그 장면을
떠올렸다.

무표정하지만 진지한 얼굴로 거침없이 움직이던 그 화려한 퍼포먼스.
모두의 황홀경. 모두들 하늘을 바라보며 입을 벌릴까 말까 고민하는 것
같았지만 꾹 다물고 있긴 했다. 하지만 느껴지는 공통된 하나의 감정.
'아, 속 시원하다. 내 젖이 뻥 뚫리는 것 같네.'
그 사이에 그가 있었다.
섹시하게 헝클어진 검은 머리, 단단한 어깨, 움푹 파인 쇄골, 흰 셔츠는
땀인지 젖인지에 젖어 몸에 밀착되어 있었고, 거칠게 접어 올린
소매 끝에선 강인함이 새어 나왔다. 당구 기술인 공 핥아치기를 할 때만
볼 수 있다는 영혼까지 집중된 남자의 시선은 여자의 가슴에만
머물러 있었다.
다른 무엇도 쳐다보지 않고 오직 가슴에만!!
"첩첩첩첩 첩첩첩첩."
펌핑하는 손끝은 희고 길었다. 강할 땐 강하게, 부드러울 땐 한없이
부드럽게……. 돌려 짜기 기술을 시전할 때 나는 보았다. 그의 엉덩이.
검은 슈트 속 엉덩이……. 탄력 있게 올라붙은 그의 엉덩이는 왼쪽 가슴을
잡을 땐 왼쪽에 불끈 힘이 들어갔고, 오른쪽을 잡을 땐 오른쪽이
더 탄탄해지는 것이었다.
아아~ 그리고 양쪽을 모아 잡는데!!!!!!
앞이 탄트……. (이하 생략)
그때였다.
"찌르르르르 찌르르르르르 찌르르르르."
조리원에서 버린 젖이라던 내 가슴에 젖이 돌아 뚝뚝 떨어지기 시작했다.

아니 콸콸 흐르기 시작했다. 이건 경이로운 경험이었다.

나 나…… 나에게도 이런 일이…….

늘 간식거리나 생산되던 나, 나, 나에게!! 20도 겨우 채워
주머니에 숨겨서 전해 줘야만 했던 나에게…….

나는 털썩 무릎을 꿇으며 울부짖었다.

"마스터!! 마스터!!!!! 날 좀 봐봐요. 나, 나, 으흐흐흐흑…….″

그는 스팀 타월을 그녀의 가슴에 덮어 주었다.

"30분 있다 떼어 내시면 됩니다."

거친 숨소리로 말하며 나를 돌아봤다. 조각 같던 콧날과 검은 눈썹,
깊은 눈매로 부드럽게 웃으며 머리를 뒤로 쓸어 넘겼다.

그리고 나에게 말했다.

"귀여운 당신에겐 동글동글 씨밀레가 어울리는군요. 축하해요.
그리고 어서 와요. 여기는 상처 받은 당신을 위한 공간,
카페 모리즈입니다. 저는 이 카페의 매니저 '조르주 드 모리즈 킴'입니다.
씨밀레의 은은한 불빛처럼~ 부드럽게 타올라 보세요.
당신은 사랑할 수 있고 사랑받을 수 있고 사랑을 먹일 수 있는
여자입니다."

피-스.

4화 * 알바

나는 알바다. 안국역 6번 출구 앞에서 판촉물을 나누어 주는 알바다.
오늘은 내가 사람들에게 나누어 주는 물건에 대해 간단히 이야기해 보겠다.
이것은 반투명 비닐에 싸여 있다. 비닐에는 'cafe Moriz'라는 글자가
적혀 있다. 처음에 받았을 때 궁금해서 하나를 까봤는데 당최 이게 뭔지
알 수가 없었다. 궁금해서 친구들에게도 물어봤는데 다 모르겠다고 했다.
적당히 동그랗고 포근포근하기도 한 원형의 이 물체는 뒤쪽의 종이를
떼면 끈적끈적한 테이프가 붙어 있다. 얼핏 보면 생리대 같기도 하지만
그것보단 훨씬 귀엽다. 순간 내 머리를 스치는 단어.
'아! 이것은 어깨 뽕이다!!!!!!!'
요새 하이패션에는 뽕 넣은 어깨로 도시적 감성을 표현하던데 그런 용도
같다. 문득 바람막이만 입고 나온 내 어깨가 히마리 없어 보인다.
나는 스티커를 떼어 두 장씩 겹쳐 양어깨에 끼워 넣었다.
카페 모리즈……. 도대체 이런 판촉물은 왜 돌리는 걸까?
혹시 패션과 커피 문화의 콜라보레이션인가!!! 세상에 이런 사고의
전환이라니……. 정말 대단한 발상이 아닌가 싶다. 나는 판촉물을
나누어 주며 지나가는 연인들에게 외쳤다.

"카페 모리즈입니다. 데이트 장소로 꼭 들러보세요~!"
어깨 뽕이 새털처럼 가벼웠다. 오늘따라 내 목소리에 자신감이 가득한
듯하다. 아르바이트도 혁신이다.

5화 * 캡틴의 공허함

"곧 지구에 도착할 때가 되었습니다. 캡틴."
구스타는 남은 연료와 궤도를 확인한 후 캡틴을 쳐다보았다. 캡틴은 평소와 달리 심각한 얼굴로 저 멀리 보이는 지구를 쳐다보고 있었다.
"구스타, 이번이 몇 번째 시도지?"
"네! 캡틴, 네 번째 지구 방문입니다. 이번에는 어느 쪽으로 찾아볼 생각이십니까?"
"세울, 안쿡역 부근이다. 이번엔 틀림없다."
"안쿡역은 좌표 325 - 28에 위치하고 있습니다. 이리로 착륙할까요?"
"아니, 우리의 모습이 눈에 띄어 좋을 리 없으니 인적 드문 곳이 좋겠다. 구스타."
"라져."
캡틴은 50년 전부터 지구에 올 때마다 긴장하는 듯 보였다.
하지만 오늘처럼 이렇게 이마에 있는 눈까지 찡그려가며 신경 쓰는 모습은 처음이었다. 찡그린 눈 탓에 더듬이까지 날카롭게 서있었다.
이번 시도는 꼭 성공해야만 한다.
우리는 안쿡역에서 3킬로미터 떨어진 숲 속에 비행선을 착륙시킨 후 모습을 휴먼모드로 바꾼 다음 인간들 사이로 숨어들어 갔다.
"어이, 좀 빨리 좀 갑시다. 쉬펄."
뒤에 있던 인간 남자가 어깨를 치고 지나가며 나에게 말했다.
"캡틴, 쉬펄이 뭔가요?"

"구스타, 그건 후렴구다. 잘 익혀 두면 다양하게 활용할 수 있는 단어니 기억하도록."
"네, 캡틴."

안국역 6번 출구에서 '카페 모리즈'를 찾기란 어렵지 않았다.
동그랗고 수상한 카페 모리즈라고 적힌 물체를 나눠 주는 인간의 머리를 스캔하면 그만이었다.
'이렇게 쉽게 일이 풀릴 줄이야.'
이제 캡틴이 그렇게 찾아 헤매던 조르주를 만날 수 있게 된 것이다.
캡틴은 늘 그가 없는 우주는 공허하다고 나에게 말했다.

공허함. 그 공허함이라는 크기는 대단한 듯 보였다. 그가 없어진 후 캡틴의 얼굴빛은 날이 갈수록 어두워졌고, 몸은 길어지다 못해 흐물흐물해지기 시작했다.
이제 조르주를 만나고 나면 다시 예전의 그의 모습으로 돌아갈 수 있겠지. 그간의 노력이 헛되지 않기를 기대해 본다.
우리는 근처 마트에 들러 감귤주스 한 상자를 산 뒤 모리즈 입구 골목길로 들어섰다. 등나무 꽃향기가 퍼져 나왔다.
순간.
캡틴의 이마 세번째 눈이 번쩍 떠졌다.
그인가!!
건장한 키에 젖은 머리칼을 한 저 사람이 바로 '조르주 드 모리즈 킴'이란

말인가?

캡틴은 떨리는 목소리로 그를 불렀다.

"조르주 님……!!!!!"

6화 * 지령

틱틱틱틱.

카페 모리즈 아래층 조르주의 오피스.

틱틱틱틱.

둘은 50년 만에 만난 사이답지 않게 아무런 말이 없었다. 할 말이 너무 많아 어디서부터 풀어야 할지 모르는 듯했다. 이윽고 조르주가 먼저 정적을 깨며 말했다.

"난 성공했소. 그게 제일 궁금하겠지."

캡틴은 믿을 수 없다는 얼굴이었다.

"그걸……, 결국 성공했단 말입니까?"

무엇을 성공했다고 하는 것인지 알 수가 없었다. 지령은 상위계층에게만 전달되고 나는 그것을 따르기만 할 뿐이었다.

조르주가 그간의 일들을 말하기 시작했다.

"50년 전에 그 지령을 받고 이곳으로 왔지. 그때 자네에게 내가 어디로 가는지 이야기할 수 없었던 점을 이해하기 바라네. 일급기밀이었다네. 우리 행성은 에너지의 고갈로 위기에 처해 있었네. 연구에 연구를 거듭한

결과 지구라는 곳에 사는 인간들에게서 '모성'이라는 강한 에너지의
파장이 발견되었지. '모성'은 그 어떤 에너지보다 강하고 끊임없이 나오는
영원한 것이었지.
이 모성 에너지를 모아 우리 행성으로 가져가면 되는데 전송시킬 방법이
문제였어. 그래서 나는 이 유축기라는 기계를 만들었다네.
이것을 통해 맘들에게서 나오는 강한 에너지를 모아 우리 행성으로
보낼 수가 있었지.
맘들은 처음 아이를 낳고 나면 딱딱해진 가슴을 부여잡고
이 카페 모리즈로 날 찾아왔네. 나는 뭉침을 풀어 준 다음 그녀들에게
여러 종류로 버전업된 유축기를 주었지.
우주전송장치의 제일 중요한 부품인 깔때기는 자주 소독을 해야 했는데
젖병소독제로 닦고 유팡이나 레이퀸 같은 데 넣은 뒤 살균하면 오케이지.
더블 깔때기는 한 번에 더 많은 양의 에너지를 보낼 수 있었지만
맘들을 더 쉽게 지치게 해. 곰국 등의 보양식으로
급보충해야 하는 단점이 있었다네. 그렇게 곰국을 먹다 보면 또
살이 붙고 유축을 하면 빠질 줄 아는데 다들 잘못 생각하고 있어."
여기까지 말하던 그는 잠시 손님이 왔다며 위로 올라갔다.
우리는 그의 사무실을 찬찬히 둘러보기 시작했다.
《베이비위스퍼 엔즈》, 《임신출산육아 대백과》, 《엄마가 되면 비로소
보이는 것들》, 《전투육아》, 《맘앤왕팡》 등이 책꽂이에
질서정연하게 꽂혀 있었다.
그는 다시 내려와 말을 이었다.

"한국이라는 나라는 참 대단한 나라지. 맘들에게서 나오는 에너지의
순도가 거의 100%에 가까워. 유축 양이 적은 20밀리리터의 맘에게서도
마찬가지의 높은 에너지가 나온다는 걸 알아야 해.
적은 양의 고농축 에너지라는 점을 말이야."
토톡.
그는 두유 한 팩을 뜯어 빨대를 꽂아 우리에게 건넸다.
"울면 에너지가 적게 나와. 이 점도 중요한 포인트라네. 맘들의 기분을
업시키기 위해 난 이 엉덩이를 제물로 사용했지.
그들은 내 좌우 힙 근육의 움직임을 보며 스트레스를 잊을 수가 있었다네.
그들의 남편은 맘들을 설레게 해야 한다는 점을 잊고 있는 것 같아.
이 어마어마한 에너지의 근원은 맘스 행복인데 말이야.
나는 앞으로도 남은 생을 여기서 보낼 생각이라네. 자네는 내가 함께
돌아가기를 바라겠지. 하지만 나는 여기가 좋네.
조리원에 있을 때가 천국이라는 속담처럼……."

7화 * 모리즈 파티

모리즈 말쌈이 유축에 달아
찌찌와르 서로 사맛디 아니할세
이런 젼챠로 출산맘들이 짜내고져
훑베이셔도 제 젖을 펌핑하지 못할 노미하니

내 이를 윙하야 새르 유축기를 맹가

맘들마다 해여 수비니겨

샐프 펌핑하긔 따르미니라.

오랜만에 카페 모리즈에 훈훈한 기운이 돌았다. 오늘은 임신한 맘들이 출산을 앞두고 'Moriz party'에 초대되었기 때문이다.

모리즈 파티.

이 파티가 매년 열린 지 벌써 4년째.

시작은 서너 명의 사람들이 모여 루이보스티를 마시며 담소를 나누는 정도였지만 언론과 대중 매체에 소개되면서 스케일이 급격하게 커져 버렸다. 지금은 임신을 확인하는 순간 예약해도 9개월 차에나 참여할 수 있을 정도로 큰 행사가 되어 버렸다.

이 파티에는 루이비톤, 페라감호, 셀린뉴, 굿지 등의 명품 라인 협찬이 트럭으로 제공되며, 임산부는 그해 드레스 코드에 맞춰 자신을 아름답게 치장하고 나타난다.

치장이라는 단어를 잘못 생각하면 안 된다. 허세가 가득한 외모가 중요한 게 아니기 때문이다. 드레스 코드는 추상적인 단어로 제공되는데, 작년 파티의 키워드는 '두루미'였다. 두루미 코드에 맞는 스타일링을 어떻게 하고 모였을진 상상에 맡기고 넘어가도록 한다.

이쯤에서 올해의 드레스 코드가 궁금하겠지만 우선 이 파티의 이유부터 말하는 게 순서일 게다.

여자들이 뭣도 모르고 요물을 만나 임신을 알게 된 후 임테기를 보며

다양한 감정에 휩싸인다. 일부는 환호하지만, 일부는 눈물을 흘리기도
하며, 일부는 영혼유체이탈을 맛보기도 한다. 일부는 요물패기 등.
그리고 정말이지 용기 있게 태중의 아이를 키워 나간다.
그 후 이 여자들은 아직 엄마가 되기 직전으로 아직은 뭐가 뭔지 모른 채
태어날 아가에 대해 기대만 가득하지 정작 출산 후에 대해 자세히
알지 못한다. 그러다가 갑자기 부딪히는 현실은 그야말로 카오스!!
그쯤 되면 가슴을 부여잡고 조르주에게 달려오는데, 그 전에 정신적
육체적 유축적 중요 포인트를 체크해 주고 서로의 가슴을 만져 보는
시간을 갖는 것이 이 모리즈 파티다.
어어, 그렇다고 일반적인 산전 교육을 떠올려선 곤란하다. 모리즈 파티는
선배맘을 멘토처럼 일대일로 붙여 친분을 쌓게 하는 게 포인트다 .
선배맘은 출산 후 3년을 넘기지 않은, 아직은 으악으악이 생생한
여자들로(3년이 지나면 언제 그랬냐는 듯 둘째 겟) 리얼한 이야기를
전해 줄 수 있는 사람들로 구성되어 있다.
그들은 카톡카토오옥으로 정말 전투육아에 필요한 팁을 알려 주고
후배맘은 정신적인 괴로움까지도 도움을 요청할 수 있다.

모리즈 정원은 오늘만큼은 르네상스와 파라다이스 콘셉트를 벗고 시크와
모던 그리고 야성미를 추가했다. 여기저기 걸쳐 있는 미역들은
신선신선한 시각적인 인테리어 효과뿐만 아니라 출산의 리얼함을 더했다.
"히히후 ye~ 히히후 yo~ 히히후~ho
히히후 히히후 히히후~ 체키럽."

라마즈 호흡법과 같은 박자의 음악들이 카페 모리즈에 울려 퍼지고
설렘을 담은 흥분으로 홀이 웅성이던 그때, 수많은 인파가 모세의 기적에
나오는 바닷길이 열리듯 나뉘어졌고 그 길로 오늘의 주인공인 임산부들이
워킹을 시작했다.
선배맘들은 이 워킹하는 모습을 보고 인의예지육덕 조항과
드레스 코드를 합산하여 점수를 매긴다.
가장 높은 점수를 받은 임산부는 10단 변신이 가능한 프리미엄 유모차인
스토켈하이브리드를 선물받게 된다.
스토켈하이브리드는 10단 변신 후에는 남편으로 변신하여 애를 데리고
자체 외출이 가능한 최첨단 기술을 자랑한다. (사용 후 다시 디폴트
상태로 맞춰 두지 않으면 티비 앞에 누워 버리는 리얼함도 더했다)

부은 듯한 둥근 얼굴, 숱 많은 머릿결, 둥근 어깨, 터질 듯한 가슴,
검게 착색된 팔꿈치와 무릎과 겨드랑이, 바다를 품은 듯한 새 생명을
잉태한 커어어다란 배, 그리고 자꾸 쥐가 나는 종아리와 두 치수 커진 발.
엄마가 되는 과정의 여자들. 그들의 외모는 분명 처녀적 싱그럽고
자신감으로 가득 찼던 반짝임과는 달랐다.
그 변화의 시작은 두려움이었다. 괴로워하고 슬퍼했다가 포기했다가
이해하고 받아들였던 순간들이 그녀들에게 또 다른 아름다움을 선사했다.
그녀들은 본인들이 아름다운지 몰랐을 수도 있다. 하지만 그 아름다움은
겉으로 화려하게 흐르는 것이 아니다. 마음으로부터 채워져 나오는
충만한 아름다움일지니…….

올해 드레스 코드는 '수유복의 새로운 패러다임'이었다.
이 주제를 선택한 카페 모리즈의 마스터, 조르주 드 모리즈 킴의
이야기를 직접 들어 보자.
"조르주, 수유복에서 무언가 새로움을 발견하길 원했나요?"
"그렇소, 샌디. 애초에 수유복이라고 이름 지은 투박한 센스는 누구에게서
나왔는지 궁금할 정도입니다. 여성들에게 의식주 중에서 의란 바로 미와
연결되는 게 당연할진대, 그토록 아름답게 자신을 가꾸던 그녀들에게
임신했다는 이유로 수유만이 목적인 말도 안 되는(가슴이 열리는)
푸대를 입힌다니, 생각만 해도 소름이 끼칩니다. 지퍼를 열었더니
가슴이 나온다? 아아!!!! 그것만으로도 쇼킹하지 않나요?
그런데다가 디자인의 배려 따위는 전혀 없는 직수와 유축을 위해
만들어진……, 여자를 젖소로 만드는 그 파렴치한 옷을 새로운 시각에서
접근하고자 합니다. 엄마들의 혼을 담은 디자인을 기대해도 좋습니다."
"아~ 지금 첫 임산부님이 나오시네요! 감상해 보도록 하겠습니다!!"

[첫 번째 임산부]

북유럽에서 살다 온 한국 토종 이주연 씨.

북유럽 감성을 담은 절제된 컬러를 메인으로 삼고 포인트로 톤다운된
민트 컬러를 사용하여 러블리함을 더했다.
윗옷은 그레이 컬러의 가오리핏 리넨 롱 블라우스로 어깨 트임이 있어
임부의 둥근 어깨를 과감하게 보여 주었고, 목 부분에는 케이프가
큼직하게 달려 가슴 부분까지 자연스럽게 내려와 있다. 케이프를 들면

수유할 수 있는 이음새가 숨겨져 있어 수유 가리개를 따로 준비할 필요가 없다. 말 그대로 아름다운 디자인에 실용성까지 더했다.
아래옷은 앞에서 말한 톤다운된 민트 컬러 치렝스로, 허리 부분이 신축성 있는 복대 밴드로 되어 있어 출산 후에도 편하게 입을 수 있다.

디자인 ★★★★☆
독창성 ★★☆☆☆
편리함 ★★★★★

[두 번째 임산부]
출산 후 바로 직장으로 복귀해야 하는 예비 워킹맘 윤서영 씨.
고객 미팅을 주로 해야 하는 그녀는 자신감 넘치는 프로다운 면모를 보이는 매니시맘 룩을 선보였다.
깔끔한 네이비 컬러 재킷이지만 오버사이즈로 수유로 불어난 가슴과 상체를 편안히 감싸주는 디자인이다. 재킷에는 랩 스타일 원피스가 일체형으로 붙어 있어 재킷을 입고 단추를 잠그면 바쁜 아침 한큐에 착장이 해결되는 '원스톱 출근 코디'가 가능하다. 가슴 부분의 단추만 하나 풀면 바로 유축이 가능하며 집에 돌아와서도 바로 다 벗어 버릴 수 있다.
단, 남편도 매우 좋아하는 스타일이므로 번식에 주의.

디자인 ★★★★★
독창성 ★★★★☆

편리함 ★★★★★

번식력 ★★★★★★★★★★★

[세 번째 임산부]

큰아이가 있는 정신없는 둘째(또는 셋째 또는 넷째) 맘 김나래 씨.

롱원피스로 음식물을 묻혀도 티가 덜(안) 나는 카무플라주 스타일을 채택했다. 그렇다. 애가 모래를 뿌려도 똥을 묻혀도 토해도 티가 덜(안) 나는 카무플라주 스타일이었다. 위장이 목적이었던 군복에서 비롯된 스타일링이야말로 엄마들에겐 더할 나위 없는 데일리룩이었다. 마지막으로, 펄이 들어간 카키색 탐쓰 슈즈로 스타일을 완성했다. 이때 선배맘 중 한 명이 일어나 물었다.

"그럼 수유 기능은 어찌되는 건가요?"

김나래 씨는 말없이 풀숲으로 들어가 전투복 양쪽 가슴팍의 윗옷 주머니를 열었다. 그곳엔 그녀의 눈부시게 희디흰 아름다운 쭈쭈가 반갑게 인사했다.

디자인 ★★★★★

독창성 ★★★★★

편리함 ★★★★★

남편 군복 재활용 ★★★★★

빨랫감 ☆☆☆☆☆

순간 모두가 일어나 김나래 씨에게 기립박수를 쳤고 천장에선 복주머니가 터져 나와 명품 라인에서 협찬한 각종 로고가 박힌 기저귀들이 쏟아져 나왔다. 일등 스토켈하이브리드는 만장일치로 김나래 씨의 것이었다. 그녀들의 모리즈 파티는 이렇게 시작되었다.

길고 긴 밤. 어찌 보면 출산 후 다시는 그렇게 자유로울 수 없을 마지막 밤을 그녀들은 이렇게 즐겼고, 그렇게 가을밤은 깊어져 갔다.

저 멀리 어둠 속에서 조르주의 엉덩이가 웃고 있었다.

8화 * 이사벨

겨울이 왔다. 카페 모리즈의 정원은 순백의 아름다움으로 가득 찼다.
설국.
그 뜨거운 열기로 가득 찼던 파티의 여운도 지나가고 어느새 계절이 바뀐 지금, 조르주는 급속도로 피곤을 느꼈다.
'그러고 보니……'
조르주는 기억을 더듬어 보기 시작했다.

"하나 둘 셋…… 넷…… 다섯…… 여섯……"
숫자를 세던 그는 다시 창밖을 내다보았다. 입을 굳게 다문 채 캐시미어 코트를 걸치고 카페 모리즈를 나왔다.
그러기를 30여 분. 다시 돌아온 그의 손엔 작은 상자가 들려 있었다.
'때가 된 건가……'
조르주 이마의 세 번째 눈이 떠졌다. 눈은 아름다운 에메랄드빛으로 영롱하게 반짝이고 있어서 눈이라기보다는 보석 같았고,
그의 매력적인 외모를 더욱 빛내 주고 있었다.
어딘가 피곤해 보이지만 병약한 섹시함과 치명적인 아름다움이 점점 강해져 카페 안에 있는 유축하고 있는 맘들의 입에서 하나같이 침이 떨어지는 것을 그녀들은 모르리라…….
그는 작은 상자를 들고 욕실로 향했다. 얼마 후 그의 손엔 선명한 두 줄.
임신이었다.

'몸속에 남녀 성의 생식 기능이 모두 있는 종족. 여기서는 그런 생물학적 개체를 자웅동체라고 부른다지. 우리 별에선 섹시함이 극에 달할 때쯤 스스로 임신을 하게 된다. 하지만 이건 나로서도 처음 있는 일이라 두려움 반 설렘 반이다. 떨림이 멈추질 않는군.
지구인들과 비슷한 임신 반응이 나타나지만 하나 크게 다른 점이 있다.
잉태되는 곳은 배가 아니라 바로 '고환'.
시간이 지날수록 내 고환은 점점 커져만 갈 것이고 쌍둥이라면 양쪽이 불러오겠지. 부끄럽냐고? 전혀. 자연스런 신의 섭리고 과정인 것을…….
어디 지구 여자들이 불러오는 배를 부끄러워하던가?
나도 마찬가지일 뿐이다.'

그는 잠시 바지 속에 손을 넣어 고환을 부드럽게 쓰다듬어 보았다.
기분 탓인지 조금 불러온 것만 같다.
'내가…… 내가…… 부모가 되다니.
나에게 아이가 생기다니…….'
혼자 가야 할 길은 걱정이 되었지만 그보다 더 큰 감동의 전율이 흘렀다.
'그동안 맘들이 지나온 길을 내가 걸어가야 하는구나. 그녀들이 겪었던 하루하루들. 나 잘할 수 있을까…….'
아이 이름은 이사벨 드 모리즈 킴.
카페 모리즈에 새 생명이 찾아온 그 겨울밤. 함박눈이 크리스마스 전구처럼 반짝거리며 내리고 있었다. 돌아오는 봄부터는 산전 요가 강좌를 열어야겠다고 튼살 크림을 바르며 조르주는 생각했다.

외전

네, 안녕하세요!
오늘은 '본격유축소설'이라는 새로운 장르를 구축한 전투육아블로그의 주인장 엔즈 님을 모시고 〈카페 모리즈〉에 대해 이야기를 나누어 보는 시간을 갖겠습니다.

🧑‍🦰 엔즈 님, 반갑습니다.

👩 네, 반갑습니다.

🧑‍🦰 요새 육아 블로그 세상을 뜨겁게 달군 본격유축소설 〈카페 모리즈〉. 놀라운 소설인데요. 이 글을 쓰시게 된 배경과 인기의 이유에 대해 한 말씀해 주시죠.

👩 아하하. 실은 제가 늘 글을 써보고 싶었습니다. 솔직히 이 글이 주류가 아닌 건 확실해요. 문학적인 깊이도 얕거니와 심오한 뜻이 있는 것도 아니니까요.
제가 수십 번의 퇴고를 거쳐 내놓은 글도 아닐 뿐더러 우선 소재 자체가

B급 코드를 가지고 있기 때문이죠. 그건 제 상상력과 기본적인 성격을
바닥에 깔고 시작된 것이라 어쩔 수 없었달까요.
하지만 결과적으로 제 블로그를 찾아 주는 사람들(엄마들)에게는
신선한 내용이었던 것 같아요. 아하하하하하하하하하하하하하
(허리에 손을 얹고 먼 산을 바라보며 웃는다).

 조르주 드 모리즈 킴이란 인물에 대해 이야기해 주신다면요?
또, 그의 이름은 어디에서 온 건가요?

 조르주는 100% 허구 인물입니다. 엄마들에게 가장 호감이
갈 만한 외모의 (남자) 인물을 등장시켜 (외계인이지만) 엄마들이 제일
고민스럽고 어찌 보면 대놓고 말하긴 뭐한 부분을 시원스럽게 이야기해
보고 싶었습니다. 게다가 눈치 없는 남(편)자들에게 보란 듯이
그의 행동과 생각을 알리고 싶기도 했고요.
일종의 대리만족일 수도 있었지요.
그의 이름은 모리즈를 먼저 생각했습니다. 카페 모리즈 하면 왠지
정말 있을 것 같잖아요? 검색도 해보고 싶고 말이에요.
ㅎㅎㅎ 조르주는 조루가 아닙니다. 에…… 그냥 엘레강스하게 이하 생략.

 실제로 카페 모리즈라는 곳이 있으면 어떨까요?

 아, 수유 중인 엄마들은 2시간마다 한 번 정도 가슴이 아파서

난린데 그럴 때마다 어디 숨어서 수유를 하거나 유축하는 모습을 보면
슬퍼요. 수유실이 점점 많아지고는 있지만 감성적으로 배려되지 않은
공간으로 꾸며진 건 참 센스 부족이라고 생각합니다
(그마저도 만들어 주면 다행이지만).
엄마들이 카페 한 번도 안 가본, 태어날 때부터 엄마인 게 아니잖아요.
그런데 아이 낳기 전에 누렸던 문화적인 부분을 송두리째 잊어버린 듯
밀폐된 이상한 공간에서 젖을 먹여야 하다니…….
그래서 카페라는 공간을 생각했던 겁니다.
기분 전환이라도 할 수 있도록요.

 엄마들이 소설을 통해 어떠한 생각을 갖길 원하시나요?

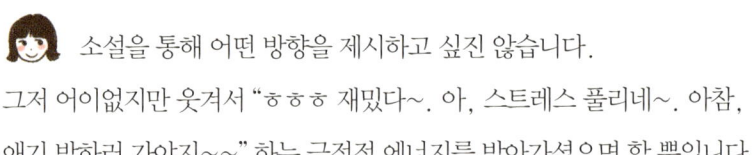 소설을 통해 어떤 방향을 제시하고 싶진 않습니다.
그저 어이없지만 웃겨서 "ㅎㅎㅎ 재밌다~. 아, 스트레스 풀리네~. 아참,
애기 밥하러 가야지~~" 하는 긍정적 에너지를 받아가셨으면 할 뿐입니다.

 끝으로 엔즈 님이 생각하는 파라다이스란?

 월요일.

 이상 인터뷰를 마치겠습니다.

묘한 대화

Q는 부글부글 끓기 시작했다. 아이도 신랑도 오늘은 다 꼴 보기 싫다.
잘 지내다가도 한 번씩 이렇게 내 속이 터진다.
아이를 나 혼자 키우나, 애는 나 혼자 낳았나. 나는 왜 이렇게 애를
키우다 폭삭 늙었나. 우리 애는 왜 밤마다 깨서 우는가.
아이 문제, 남편 문제, 시댁 문제……
우리는 이럴 때 단체 톡에 입장한다.

남편 편

[남편때문에미치겠어 님이 방에 입장하셨습니다.]

▶ "우리 남편은 출장만 가면 연락두절이야. 가서 무슨 일이 있는지
  알 수가 없어." ↳ 고민
  "어머, 정말? 불안하겠다." ↳ 적당
  "바빠도 통화는 해야지." ↳ 적당
  "가서 딴짓 하는 거 아냐?" ↳ 오버했음

▶ "아니, 그럴 사람은 아니고!" ↳ 발끈

"아니야, 얘. 그러다가 뒤통수 맞아. 남자들은 다 똑같아."

↳ 더 오버했음

▶ "우리 신랑은 거짓말하면 티가 나서 그러진 않을 거야."

↳ 속이 끓기 시작(+ 슬며시 드는 불안감)

"야야. 누가 거짓말한다 하고 하냐~. 작게 작게 속이다가 나중엔 훅 가는겨." ↳ 눈치 없음

▶ "야, 너 정말 그랬음 좋겠냐? 그런 사람 아니라니까!" ↳ 분노

"................."

팔은 안으로 굽는다.

아이 편

[우리애때문에걱정이야 님이 방에 입장하셨습니다.]

▶ "아, 진짜 나 걱정이야. ○○이가 걸을 때가 되었는데 하려고 들질 않네."

↳ 고민

"지금 돌 지난 지 얼마 안 되지 않았어? 아직은 괜찮지 않아?"

↳ 다독임

▶ "주변에 애들이 빨라서 그런가 불안하네." ↳ 하지만 불안

"아냐. 뭐 하러 비교해. 애들 걸을 때 되면 다 걸어~." ↳ 조언

▶ "너희 애는 언제 걸었댔지?" ↳ 궁금해짐

"아, 우리 애는 10개월에 걸었지. ㅎㅎ 돌잔치 때는 애가 떡도

돌렸잖아. ㅎㅎㅎ" ㄴ 바보

"……………………."

약 올리냐!

시댁 편

[명절스트레스환장하네 님이 방에 입장하셨습니다.]

▶ "와, 임신해서 힘들어 죽겠는데 꼭 전날 가야 하나." ㄴ 고민 level.1

"전날 가는 거야, 뭐. 난 명절내내 큰집에 내려가 있어. 여기서 차로 꼬박 6시간 걸려." ㄴ 고민 level.2

"야야, 난 애 셋 데리고 시골 간다. 우리 애들 카시트에서 울고불고 난리치는 거 알지? 그래도 매번 내려오라서. 아주 다 같이 죽겠다, 정말." ㄴ 고민 level.3

"난 우리 집에서 명절 지내. 모두 다 우리 집으로 와……."

ㄴ 해탈의 경지

"……………………."

대화 강제 종료.

꼬마들의 생성 과정

우리의 사랑스러운 꼬마들은 어떻게 생겨났을까?
그냥 아이가 생겼다는 말은 말라.
그때 우리들은 에로틱했기에 이 녀석들이 세상에 나올 수 있었다고.
우리가 사는 세상은 욕정꾸러기들의 비빔비빔으로 이루어졌다고.
여기 김찰스, 이안나, 박해리, 최루이비(가명) 네 아이들의 생성 과정으로 되돌아가 보자.

1) 김찰스
어느 학교 신입생 환영회, 둘은 처음 만났다.
파릇한 신입생인 그녀 앞에 놓인 막걸리가 찰랑찰랑한 바가지.
가득 든 술은 알코올에 약한 그녀에게 공포로 다가왔고,
선배들은 짓궂게도 "마셔라~ 마셔라"를 외쳐 댔다.
눈을 딱 감고 '마셔 버리자. 방법이 없다' 하며 입을 대려는 순간 휙~!
하고 막걸리 잔을 그가 가로챘다.
그는 처음 본 순간 그녀가 마음에 들었다. 하지만 그녀에겐 이미 애인이 있었더랬다. 남자는 곁에서 늘 그녀를 도와주는 것으로도 좋았다.

그저 옆에 있는 것만으로도 괜찮다 스스로 위로하며 시간은 흘렀다.
그녀도 그걸 알며 모른 척 지냈다.

한참이 지난 후 그를 역삼동 치킨집에서 보았다.
그는 불편한 자리에 앉아 돌고 도는 술을 받아 마시며 괴로워하고 있었다.
"김 대리, 이것도 못 마시나~ 에헤.
이 술 못 마시면 오늘 김 대리가 쏘는 거야!"
그녀는 다가가 잔을 낚아채 원샷한 뒤 그를 데리고 나와 와락 안았다.
"나쁜 사람……."
둘은 부둥켜안고 깊은 키스를 했다.
그리고 그날 찰스가 생성되었다.

2) 이안나

사귄 지 3년, 슬슬 권태기가 찾아왔다.
불꽃 같던 연애의 시작은 순식간에 기승전을 넘기고 결로 치달았다.
우리는 주말마다 만나지도 않았고, 밥을 먹으며 하는 대화도 지루해지기 일쑤였다.
'우리, 이제 그만 헤어질까…….'
여자는 속으로만 생각했다. 3년의 시간이 너무 익숙했기에 그것을 깨는 일엔 용기가 필요했다.
마지막으로 둘은 춘천으로 여행을 떠났다.
그리고 그날 펜션에서 안나가 생성되었다.

3) 박해리

구체적으로 말은 안 했지만 둘은 막연히 결혼할 것이라 생각하는 커플이었다. 결혼 적령기에 해당되는 나이였다.

남자는 늘 애가 탔다. 여자친구는 남녀 가리지 않고 모두에게 인기가 좋았다. 모임의 중심엔 항상 그녀가 있었다.

그는 그녀에게 슬슬 결혼에 대해 생각해 보자 말했지만 그녀는 왜 이리 조급해하느냐며 타박했다. 속이 상했다. 그는 어릴때부터 친하게 지내던 엄마 친구의 딸에게 이런저런 고민을 털어놓았다. 늘 고민을 들어주던 엄친딸을 만나 동네 호프집에서 맥주를 기울이다 해리가 생성되었다.

4) 최루이비

평범한 커플이었다. 평범하게 결혼식도 준비하고, 무난하게 신혼을 보내기 시작했다.

각자의 회사에서도 좋은 커리어를 쌓고 그에 따른 인정도 받는 사람들이었다. 퇴근 시간은 늦긴 했지만 야근하는 서로의 회사 앞에서 기다렸다 같이 들어가기도 했다.

둘은 이렇게 2년만 더 벌고 아이를 갖자 약속을 했다.

그동안 신혼을 즐기자는 생각도 있었다.

며칠 후 결혼하고 처음 맞는 아내의 생일, 남자는 여자에게 루이비통 가방을 선물했고 와인을 나눠 마셨다. 그리고 콘돔을 잊었다.

그렇게 최루이비는 생성되었다.

흔들 어멈

사람이 그리워 몸부림치던 그녀에게 약속이 생겼다. 오랜만에 친구와의 만남을 기대하며 유모차에 아이를 태우고 집을 나섰다. 오래지 않아 소로록 잠이 든 아이가 사랑스럽다.

약속 장소는 가까운 패밀리 레스토랑.

일행과 만나 자리를 잡고 음식을 가지러 일어서는데!

아이가 깼다!

그녀의 뺨을 타고 내려오는 식은 땀.:;

아, 왜 하필 지금이야. 잠든 지 30분도 안 되었잖아. 좀만 더 자지…….

엄마의 마음 따윈 됐고 아이는 울기 시작.
'아기띠는 생명줄.'

장바구니에 소중하게 담아 온 아기띠를 꺼내 메고 체념한 채로 음식을 담으러 출동! 앞보기 상태로 아이를 안았을 때는 양손 사용은 힘들다.
접시는 바bar에 올려두고 음식을 담을 수밖에 없다.
신난다고 한 손으로 음식을 떠 담다가
"나를 앞에 두고 접시질이냐!!!"
노여워하는 아이의 접시 날리기를 당할 수 있다.
뜨거운 음식이면 더더욱 큰일!
와장창 사람들의 이목을 끌어 스타가 될 수도 있다.

이렇게 고생고생을 하여 초밥도 담고, 샐러드도 담고, 스프도 담고,
먹고살기 힘드네 하며 테이블로 이동하고 나면,
아, 애기 줄 거 떠와야지 생각이 들어 감자 튀김이나 고구마스틱 튀김,
빵조각을 가져와 준비된 아기 의자에 앉히기 위해 띠를 풀면
…… 운다.

이제 그녀에게 남은 미션은 다시 재우기!
이미 친구와의 대화는 산으로 가고 그녀는 빕스를 떠도는
흔들 어멈이 되고야 마는데…….

과연 그녀는 아이를 재우고 밥을 먹을 수 있을 것인가!

"육아월드 최대의
서스펜스 충격 블록버스터"

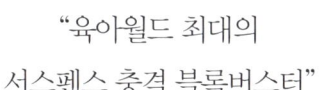

곧 개봉 예정!!!
가까운 상영관을 찾아주세요~.

서브

출산이 다가오자 주변에서 이제 슬슬 서브를 준비해야 하지 않겠느냐
말하기 시작했다.
처음엔 서브는 생각도 하지 않았지만 임신 초반, 중반, 후반이 다가오며
점점 무거워지는 몸과 비례해서 쌓여가는 집안 살림, 잘해낼 거라고
자신했던 내 모습은 반비례 수치로 떨어져만 갔다.
주변 엄마들이 서브를 두며 살아가는 것을 이해하지 못했었다.
"나 하나 메인이면 충분하지, 무슨 서브씩이나. 아이 하나가 뭐가
어렵다고"라고 말했던 그때 난 뭣도 모르던 애송이였다.
생각해 보면 서브 엄마도 결국 나 아니던가.
아이가 모르는 사람과 함께하는 것과는 비교할 수 없는 거야.

마음이 바뀐 이상 바로 시작하기로 했다. 나와 같은 생각으로 반대하던
남편도 결국 내 뜻에 따르기로 했다. 우리를 상담해 주는 코디네이터는
너무 걱정할 것 없다며 '행복한 가정 함께하는 우리-START'
단계 파일을 내밀었다.
"서브 엄마는 모체의 태반세포를 기반으로 생성되는 만큼 출산 중에

따로 채취해야 합니다. 그 채취된 세포를 곧바로 배양기에 넣고
길게는 2주일, 짧게는 1주일 정도 기다리면 엄마 모습 그대로의 형태로
복제가 되어 바로 협업이 가능하게 되죠. 메인 엄마가 생각하는 그대로
똑같이 서브 엄마가 생각하기 때문에 별 다른 마찰은 없어요.
추가적으로 서브 엄마에게 공급되는 음식에 대한 식비 정도만 발생된다고
생각하시면 될 것 같습니다."
서브 엄마의 생각은 메인 엄마와 같기에 서브가 육아를 하며 받는
스트레스가 본인에게 전달되는 것은 어쩔 수 없지만 육체적인 피로도가
서브에서 해결되기 때문에 그 정도로도 충분히 만족을 한다고 한다.
대부분의 육아 스트레스는 1차원적인 육체 피로에서 오는 게 사실이니까.

나는 곧 아이를 낳았다. 병원에서 퇴원 후 며칠이 지나 코디네이터가
복제 완료된 서브 엄마를 데리고 왔다. 그녀가 잠에서 깨어나 눈을 뜸과
동시에 우리는 바로 연결이 되었고, 어색함은 전혀 없었다.
잠에서 깬 아이가 울었다. '아, 배고플 때가 되었구나' 생각함과 동시에
서브 엄마가 움직였다. 내가 하던 대로 젖을 물렸다.
아이는 더 악을 쓰고 울었다. 젖의 양이 적은 것도 나와 같았다.
"원 엄마와 지금은 모두 동일합니다. 익숙하지 않은 것도 어쩔 수가
없어요. 시간이 지나면 차차 해결이 될 거예요. 젖이 잘 돌지 않는 체질도
같아요. 이럴 때 회원님은 젖이 잘 도는 음식을 만들 시간을 벌 수가
있죠. 또는 회원님이 젖을 먹이는 동안 서브 엄마에게 요리를 지시할 수도
있고요. 그 시간적인 여유를 이용하세요."

내가 아이에게 젖을 물리는 동안 서브 엄마는 미역국을 끓였다.
요리 못 하는 것도 나와 닮았지만 대수롭지 않았다. 곧 젖은 늘었고
번갈아 수유를 하며 잠자는 시간도 벌 수 있었다. 내가 깨서 지시해야
하더라도 지시만 하고 잠들면 그만이었다.
아이는 건강하게 쑥쑥 자랐다. 여유가 생기다 보니 서브에게 아이를
맡기는 일이 잦아졌지만 어차피 나와 같은 몸이라 아이는 나에게도
서브 엄마에게도 어색함 없이 안겼다. 그녀의 오감을 통해 아이의 모습을
느낄 수가 있기에 불안함도 없었다. 이제 완벽히 마음이 놓였다.
'아, 이래서들 서브 엄마를 두는구나…….'
시간은 흘러 회사로 복귀할 날이 점점 다가왔다. 회사 생활과 육아의

병행은 두려울 것이 없었다. 내가 출근한 후에도 또 다른 내가 아이와 시간을 보냈다. 그녀를 출근시키고 내가 아이를 보기도 하며 완벽한 하모니를 이뤘다고 생각했다.
남편이 오랜만에 회사 앞으로 찾아왔다. 그날은 서브가 출근한 날이었다.
"여보, 나 아니야. 서브야~. 집으로 와. 나, 집에 있어~."
서브의 입을 통해 남편에게 말했다.
남편은 잠시 생각을 하는 듯했다. 그리고 말했다.
"이왕 온 김에 오늘은 서브랑 좀 놀다 갈게."
이상했다. 그녀는 나였고 나는 그녀인데, 느껴지는 이 기분은 뭘까.
그는 서브와 우리가 함께 드라이브하던 한강의 밤공기를 즐겼고 분위기 있는 식사를 하며 와인도 마셨다.
서브는 취했고, 우리의 연결은 끊어졌다.
그리고 둘은 그날 밤 돌아오지 않았다.
나는 미친 사람처럼 코디네이터에게 전화를 걸었다.
 이게 어찌 된 일이냐고, 이럴 수도 있는 거냐고. 하지만 "회원님이 지난 번 옵션 추가하신 부분입니다"라는 대답만 돌아올 뿐이었다.
명절 직전 '자의식 연결해제-셀프 작동'에 체크했던 순간이 떠올랐다.
알코올에 반응하는 기능이었다. 남편은 물론 이를 몰랐다.
'옵션을 취소할까……'
달력을 넘겼다. 2달 후 추석이 있었다.
'그래, 둘이 안 오는 날은 치킨이나 시켜 먹지, 뭐. 하하하하하하……'

택배

택배 1

"김혜정 씨~ 택배 왔습니다."
기다렸다는 듯이 문을 열고 상자를 받았다. 이제 "고맙습니다"라는 인사와 함께 문을 닫으면 그만이었다.
"혜정아. 혜정이 맞지?"
택배 기사의 입에서 생각지도 못한 질문이 나왔다.
'뭐지?' 고개를 들자 그립던 그 얼굴이 나를 바라보고 있었다.
"혜정이 맞네. 오랜만이다. 나 기억하지?"
'기억하고 말고. 널 기억 못할 리가 없지. 잊을 수가 없지.'
정신없이 살다가도 문득 툭 튀어나오는 사람이었다. 쌓인 설거지더미 속에서도, 아이를 재우고 난 후 혼자 나와 멍하니 소파에 앉아 있는 순간에도 생각나던 사람이었다. 무려 3년 동안을 징그럽게 친구와 연인 그 가운데서 우물쭈물하던 남녀였다. 연애가 뭐 그리 대단한 것이라고 애만 쓰다가 이렇게 말도 안 되는 상황으로 마주하게 되었나.

"정말 오랜만이네. 오빠…… 이렇게 마주치다니. 신기하다."
"그러게, 오늘 이쪽 지역으로 처음 왔는데, 네 이름과 같은 사람인 줄 알았어. 정말 혜정이 너였구나. 놀랍다. 잘 지냈어?"
"나야, 뭐…… 오빠도 잘 지냈지?"
"응. 순식간에 시간이 지나갔네. 바쁘게 살다 보니, 뭐. 아참! 나 지금 이럴 때가 아니지, 일이 밀려 있는 것도 잊고 이러고 있었네. 혜정아, 다음에 보자. 종종 보게 될지도 모르겠다."
"응, 오빠. 수고해. 또 봐~."
문이 닫혔다. 그리고 그녀는 그의 발소리가 사라질 때까지 그 앞에 한참을 서있었다. 그토록 기다리던 택배는 뜯어 볼 생각도 못한 채.
지금 눈앞에서 벌어졌던 일을 반복 재생하고 있었다.
작년이던가, 페이스북을 통해 그의 결혼 소식을 알게 된 것이
마지막이었다. 더 이상 그의 흔적을 찾아 인터넷을 방황하지 않기로
했다. 친구의 친구 리스트에서 종종 보였지만 애써 무시하며 스크롤을
올렸다. 덤덤하게 시간에 흘려 보내려 애를 썼건만 자꾸만 튀어나와
'나, 기억해?' 묻는 추억이었다.
그런데 정말 나를 기억하냐며 눈앞에 나타나 버렸다.
입 모양보다 눈꼬리가 더 먼저 웃어 기분을 숨기지 못하는 얼굴 그대로
달라진 것 하나 없이.
왜? 이런 순간에? 이런 모습으로?

순간 그녀는 자신을 내려다보았다.

아아, 말도 안 돼.
한 올이라도 앞으로 내려올까 머리띠로 넘겨 올린 번들대는 넓은 이마,
포니테일이라기엔 대충 묶은 꼬랑지가 뒤통수에 붙어 있고 얼룩무늬
수면바지와 목이 늘어난 수유티가 그녀가 어떤 상황인지를 한눈에
보여 주고 있었다. 수유 지퍼는 잘 닫혀 있어 다행이라면 다행이었달까.
택배 상자에 눈이 갔다.
'그는 택배 배달을 하는구나. 하던 일은 이게 아니었던 것 같은데
그도 많은 변화가 있었구나. 나만큼이나…….'

택배 회사는 자주 만나던 업체였다. 주에 한두 번씩 육아용품을
주문하다 보면 그쪽을 통해 배송이 되곤 했는데, 예전 분이 그만두며
바뀐 건가 싶었다.
당황스러웠다. 반가웠다. 보고 싶기도 했다. 궁금했다. 잊고 싶었다.
지워야 했다. 두근거렸다. 그리고 이제 어쩌나 싶었다.

그와 윤중로를 걷던 봄이었다. 둘만의 데이트라며 들떴던 그녀는 같이
나온 친구들을 보며 한숨을 쉬었다. '이 사람은 나에게 관심이 있는 걸까.
분명 우리 둘에게 뭔가가 있는 것 같은데 왜 이렇게 진전이 없을까'
답답했다. 봄꽃은 만개했고 여럿이 모여 사진도 찍었다.
아름다운 풍경 속에서 즐겁게 웃고 있었지만 속은 까맣게 타들어 갔다.
같이 찍은 사진을 친구가 보내 줬지만 파일을 받아 놓고 열어 보지도
않았다. 그에게 문자가 왔다. 사진 봤냐고. 어서 보라고.

다함께 찍은 단체 사진 속의 그는 한눈에 들어왔다.
손으로 하트 모양을 그리며 웃고 있었다.
'나……에게?'
사진에 대해 묻고 싶었지만 먼저 이야길 꺼낼 순 없었다. 그가 먼저 하트에 대해 말해 주길 기다렸다. 하지만 그는 아무 말도 하지 않고 시간은 흘러갔다. 우리는 또 타이밍을 놓치고 말았다.

아이 기저귀가 다섯 장밖에 남지 않았다. 늘 주문하던 사이트에서 4개들이 묶음을 장바구니에 넣고 멈칫했다. 그가 또 오려나.
주문하지 말까.
나는 설마 그를 기다리는 것인가. 터치. 터치.
주문하신 상품이 결제 완료되었습니다.
터치. 터치.
두근. 두근.

택배 2

매일매일 기저귀가 발송되었는지, 어디쯤 지나고 있는지 추적했다.
뭐하고 있는 건가 싶었고 그녀 스스로도 어이없는 행동이었지만 심장이
터져나갈 것 같아 가만있질 못했다. 그리고 오늘 오후 배송완료 된다는
문자를 받았다.
아침부터 일어나 머리를 감았다. 수면바지는 집어치웠다. 스키니진과
블라우스를 입고 비비크림을 발랐다.
아이가 외출하는 줄 알고 "엄마, 엄마" 하며 다가왔다.
내가 미쳤구나. 잠시 미쳤었구나.
억지로 껴입은 스키니가, 아이를 안고 어르기에 부담스럽기만 한
우윳빛 블라우스가 우스웠다.
'뭔 지랄이고, 이게. 내가 잠시 정신이 나갔었어.'
"우리 아가, 맘마 먹고 공원에 가자."
그녀는 다시 질끈 묶은 머리의 엄마로 돌아와 아이를 먹이고 입혔다.

지이이잉- 지이이잉- 지이이잉-.
유모차에 걸린 가방 속에서 진동이 울렸다.

받을까. 말까. 안 받으면 경비실에 둘 텐데, 그게 나을까.
아무 일 없던 듯 받으면 되지 않으려나.
"여보세요."
"택배인데요, 집에 계시나요?"
그의 목소리였다.
"경비실에 맡겨 주세요."
"혜정아, 나야. 집에 없구나?"
"응. 오늘 어디 좀 나왔어. 바쁠 텐데 경비실에 좀 부탁해, 오빠."
"알았어. 그럴게. 그런데 아기 물건이네? 아기 낳았어?"
"아……. 응."
"그래. 그렇구나. 알았어. 그럼 다음에 보자."
전화를 끊고 멍하게 있으니 아이가 "엄마, 엄마? 므아아아까까" 한다.
'잘한 거야. 이제 와서 모두 무슨 소용이람.'
아이를 번쩍 안아 올렸다. 꺄르르 즐겁게 웃는다.

택배를 찾아 집에 올라오니 문고리에 작은 종이 가방이 걸려 있었다.
그 속에는 하트 모양 쿠키 몇 개와 캔 커피가 들어 있었다.
다른 말은 없었다.
커피는 아직 따뜻했다. 한 모금 한 모금 넘길 때마다 과거로 돌아가는
것을 느꼈다. 그와 함께했던 도서관, 대학로길, MT 갔던 날 새벽에
빠져나와 같이 물가에 앉아 마시던 커피의 달콤함도 생각났다.
사랑이었을까.

하트. 하트. 하트…… 그래, 쿠키.
무슨 뜻일까. 혹시 아직 날 그리워하고 있는 걸까?
날 보고 싶었는지도 몰라.
거실을 바라봤다. 조용히 혼자 놀고 있는 나이 순한 아이.
"내 강아지, 뭐하니?"
내 강아지는 쿠키를 죄다 인수분해해서 온몸에 바르며 좋다고 뒹굴고 있었다.
쿠키는 왜 줘가지고!!! 아, 진짜~!!!

계란말이 그 남자

겉은 적당히 바삭하고 속은 미궁처럼 촉촉하며 입안에 달콤함과 짭조름함을 동시에 남기는 남자가 있었다. 여러 겹으로 자기를 포장하는 듯하지만 결국 속을 알고 나면 치명적으로 부드러워 그를 다시 만나기 위해서라면 산 넘고 물을 건너더라도 마다하지 않을 그런 남자.
나는 그를 계란말이 그 남자라고 불렀다.
그는 늘 나에게 배가 고프냐고 물었다.
'맞아. 난 늘 배가 고파. 너만 보면 입에 침이 고이는걸.'
하지만 이렇게 대답할 순 없어 화제를 다른 곳으로 돌리기 일쑤였다.
"날씨가 좋아서 그래."
"몸이 좀 나른해서 그래."
"목이 좀 말라서 그래."

함께 길을 걷다 보면 모든 여자들의 침샘이 분비되고 있음이 느껴진다. 꼴깍 삼키자니 티가 날 것 같아 모으고만 있음을. 다 나와 같은 생각일 거다. 그는 결코 평범한 남자가 아니었다.
그가 잘생겼냐고 묻는다면 아니 아니.
생김새를 평가하는 것은 아무 의미가 없다고 답을 하련다.
그는 그냥 꿀꺽 삼켜 버리고 싶은 남자니까.
그의 나이테처럼 돌돌 말려진 여러 겹들을 벗기기란 쉽지 않는데,
내가 원할 때는 철벽 같다가도 무방비 상태로 있을 때면 훅 하고 밀려와
쿵 하고 혼을 빼놓고 사라진다. 그래서 늘 긴장을 할 수밖에 없었다.

감이 잘 오질 않는다고?
알았어. 예전 이야기를 들려주지.

그는 회사일로 많이 지쳐 있었어. 그의 목소리가 하도 힘이 없어서
만나기로 한 오늘 말고 다음에 만나도 괜찮다고 마음에도 없는 말을 했지.
"괜찮아요, 꼭 오늘 아니어도 돼요."
그는 알겠다고, 미안하지만 다음에 보자고 대답했어.
일을 마친 후 엘리베이터를 타고 1층으로 내려왔어. 열리는 문 앞에
그가 있었고 그는 나에게 계란말이를 주었어.
겉은 바삭하고 속은 촉촉했지.

아직도 이해가 안 가?
후-하나 더 말해 줘야겠네. 이번엔 확실히 느낌이 올 거야.

우리는 근교로 여행을 갔어. 바로 다음 날 돌아가는 일정이지만 함께 여행하기로 약속한 며칠 전부터 얼마나 설레었는지 몰라.
왜 설레었는지는 말 안 해도 알지?
그의 차를 타고 떠나는 길의 바람은 상쾌했어. 창문을 내리자 봄기운이 물씬 들어왔지. 바람결에 내 쉬폰 스커트가 펄럭였어.
차는 논두렁으로 빠졌고 그는 나에게 계란말이를 주었어.
겉은 바삭하고 속은 촉촉했지.
그렇게 나는 그에게 빠져 한참을 허우적거렸지. 그도 나에게 최선을 다하고 있다고 느껴지더라. 영원히 이 시간을 함께할 거라 생각했어.

오랜만에 그의 회사 앞에서 그를 기다리기로 한 날. 그는 저녁 시간이 지나서야 로비로 내려왔지. 나를 보더니 깜짝 놀라더라.
"놀랐지? 보고 싶어서 왔어~."
"아응. 그…… 그래. 오래 기다렸겠네. 저녁은 먹었어?"
"아니, 아직. 오빠랑 먹으려고 기다렸지."
"아, 근데 어쩌지? 나 마무리해야 할 일이 조금 남았는데 잠시만 기다려 줄래?"

물~론 나는 그를 백 번도 천 번도 기다릴 수 있다. 로비 옆 카페테리아에 앉아 저녁엔 뭘 먹을까 찾아보기 시작했다.
그런데 맞은편에 앉은 여자가 날 흘끔 쳐다본다.
'뭐지. 아는 사람인가?'

그녀는 가방에서 작은 도시락을 꺼내 테이블에 올려놓더니
희고 긴 손가락으로 테이블을 톡톡톡 두드렸다.
나와 눈이 마주치자 젓가락을 들어 보란 듯이 도시락 안의 음식을 집었다.
그의 계란말이!
그것은 그의 계란말이였다.
한눈에 알아볼 수 있었다. 분명히 그의 계란말이였다.
내가 그토록 사랑하던, 그토록 나를 황홀경에 빠트리던 그것이었다.
풍부한 육즙을 가득 머금은 달콤, 짭짤, 촉촉, 탱글하던 그 완벽한
한 점이 그녀의 동굴로 사라지는 순간 나는 자리에서 벌떡 일어나
그녀에게 다가가 소리쳤다.
'당신이, 당신이 왜 그의 계란말이를 가지고 있지?'
이런 모든 질문은 머릿속에서 맴돌다 사라지고 나는 그저 이렇게
울부짖을 뿐이었다.
"나도. 나도 나눠 줘. 같이 먹어요, 제발! 으흐흑!"
지금도 내가 그때 왜 그랬는지 잘 모르겠다. 계란말이 그 남자를 잃는
것보다는 함께하는 편이 좋았을 거라 생각했던 걸지도 모르지.
10년이 지난 지금도 우리들은 함께 계란말이를 나눠 먹고 있다.
아직도 그 남자의 그것이 좋으냐고?
신선하진 않지만 원숙한 시골 같은 맛이랄까.
그런데 말이야……
싱싱한 계란으로 만든 계란말이가 요새 자꾸만 그립단 말이야.
두 개면 되는데…….

귀신 변기

귀신 변기 1

추석 연휴가 끝난 후 아파트에선 엄청난 재활용품들이 분리수거장에 쏟아져 나왔다. 이 많은 것들이 각각의 집에 쌓여 있었다니 놀라울 정도였다. 사람들은 엘리베이터에서 계속 상자며 비닐이며 각종 통들을 꾸역꾸역 밀어냈고 하필이면 오늘 경비를 서게 된 김 씨 아저씨는 지친 얼굴로 아무 말 없이 노끈만 묶을 뿐이었다.
나도 그렇게 한 짐 버리고 들어가는 길,
플라스틱 모아 둔 곳을 지날 때였다.
아주 새것 같은 유아 변기 하나가 버려져 있는 것이 아닌가.
집에 있는 둘째 녀석 배변훈련 시켜야 하는데, 큰애 때 쓰던 건 시누가 빌려가서 먹어 버렸고 돌려달라고 말하자니 뭣하고 사자니 열불 터지던 타이밍이었다.

'남이 쓰던 걸 가져가도 될까.
아, 뭐 어때. 그래 봤자 우리 동 아기가 쓰던 걸 텐데.'

잠시 고민하다 변기를 집어 들어 살펴보기 시작했다. 뚜껑도 있고
의자로 썼다가 변기로 썼다가 해도 될 것 같고 고장 난 곳 하나 없이
너무 깨끗해서 누가 샀다가 바로 내다 놨나 싶을 정도였다.
'이상하네. 이런 걸 왜 버렸지?'
나는 횡재한 기분으로 그 변기를 들고 집으로 올라갔다.
팔락 작은 종이 하나가 떨어져 날아가는 것을 눈치채지 못한 채.
집에 와서 락스로 깨끗이 닦아 낸 변기를 거실 소파 옆에 두자 둘째
똘이가 나타나 "엄마? 엄마? 모지? 모지?" 한다.
"응. 이거 똘이 변기야. 이제 여기에 응아 하는 거다?
엄마랑 약속! 응아 마려우면 이제 여기로 와서 앉아요~."
똘이는 알아듣는지 마는지 마냥 의자가 생겨 신나 하는 눈치였고
난 속으로 남편에게 타박당하지 않을까 걱정했던 마음도 싹 잊어버리고
말았다.

그날 밤.
모두 한방에 모여 잠든 밤 나는 배가 아프기 시작했다.
'이상하다 뭘 잘못 먹었나?
아닌데, 다 같이 같은 밥 먹었는데 왜 나만 배가 아프지.
아, 죽겠네. 정말. 악!'
나는 화장실로 달려갔지만 변기에 앉으면 배만 아프고 터져 나올 것 같은
변의만 가득할 뿐 나오는 것이 없었다. 미칠 것만 같았다.
식은땀이 흘러내렸다.

'왜 이럴까 왜 안 나오지.'
그리고 어두운 거실에서 소리가 들려왔다.
"큭큭큭."
'누구지?'
머리가 쭈뼛 섰다.
"누…… 누구…… 세요?"
"크크크크크크큭."

어두운 거실
큭큭 웃어 대는 해괴한 소리가
속삭이며 나를 부르고 있었다.
그 변기였다.
변기는 소름 끼치는 목소리로 말했다.
"응가가
마려우면
이제
여기에 와서
앉아…… 요~."
까아아아아아아아아아악!!!!!

귀신 변기2

소름 끼치는 변기를 버리고 나서도
며칠 동안 똘이 엄마는 잠을 잘 수 없었다.
자꾸 생각나기도 했거니와 배가 계속 아파서 견딜 수가 없었다.
어느 곳을 가도 해결이 나지 않았다. 병원도 여러 군데 다녔다.
하지만 헛수고였다. 결국 똘이 엄마는 몸져누워
허옇게 메주가 되기 시작했다.

똘이 아빠는 아내를 살리기 위해 온갖 노력을 다했지만 그럴수록 아내는
점점 더 메주가 되어 갔다. 이젠 어쩔 수 없이 지켜볼 수밖에 없었다.

아내의 몸이 전부 메주가 된 그날 밤,
아내가 꿈에 나타났다.

"여보, 똘이 아빠. 난 걱정하지 말아요. 지금은 몸도 마음도 편안해요.
우리가 다시 만날 수 있는 방법이 있어요. 당신이 도와준다면요.
당신 사랑의 힘을 믿어요. 일단 www.guisinbyungi.com으로 가세요.
거기서 고객 지원으로 들어가면 '행동요령.jpg' 파일을
다운로드받을 수 있을 거예요.
그것만 참고하면 돼요.
그럼…… 나, 당신만…… 믿……을게……요."

꿈은 너무나 생생했다.
똘이 아빠는 바로 아내가 알려 준 주소로 접속했다. 묘한 기운이 도는
사이트였다. 왠지 미심쩍었지만 꿈에 그녀가 나와 한 말을 믿기로 했다.
'행동요령.jpg' 파일은 찾기 쉬웠다.
떨리는 손으로 파일을 열었다. 그곳엔 이렇게 쓰여 있었다.

당첨

당신의 아내를 다시 만나고 싶다면
아이의 배변훈련 미션을 수행하라
확실히 기저귀를 떼고 난 후
식탁에 마카롱 한 세트와 커피를
세팅한 후 여보 여보 여보 세 번
외치면 아내가 돌아올 것이다

☆ 밤 기저귀도 포함 ☆